FRANZISKA STEINHAUER

Wer mordet schon in Cottbus und im Spreewald?

MORD RUND UM COTTBUS Elf kurzweilige Kriminalfälle beschäftigen den Cottbuser Hauptkommissar Peter Nachtigall und sein Team. Daneben stehen die Sehenswürdigkeiten und touristischen Lieblingsziele der Besucher, zum Beispiel die Fließe im Spreewald, die zu Kahntouren oder zum Paddeln einladen, die Soletherme in Burg, das Jugendstiltheater in Cottbus, das Freilichtmuseum in Lehde. Bei der Lektüre bekommt man Lust auf eine Entdeckungsreise durch Cottbus und den Spreewald und darauf, mit Peter Nachtigall auf Mörderjagd zu gehen und dabei auch einsame Orte zu erkunden – das Buch eignet sich aber auch wunderbar dazu, andere auf den Geschmack zu bringen und für einen Ausflug in den Spreewald zu motivieren. Ein gelungener Mix aus spannender Handlung und Wissenswertem über die Region, die Bräuche der Menschen, Möglichkeiten für sportliche Aktivitäten oder für Wellnesstage – alles andere als trockene Informationslektüre.

© Michael Helbig

Franziska Steinhauer wurde 1962 in Freiburg geboren und lebt seit 1993 in Cottbus. Sie studierte Pädagogik mit den Schwerpunkten Psychologie und Philosophie. Ihre psychologisch fundierten und ausgefeilten Kriminalromane um Peter Nachtigall ermöglichen dem Leser tiefe Einblicke in pathologisches Denken und Agieren. Mit besonderem Geschick verknüpft sie dabei mörderisches Handeln, Lokalkolorit und Kritik an aktuellen gesellschaftlichen Entwicklungen. Um ihr Wissen im Bereich der Kriminaltechnik auf eine breitere Basis zu stellen, studiert sie Forensic Sciences and Engineering an der Brandenburgischen Technischen Universität (BTU) in Cottbus im Masterstudiengang.

Bisherige Veröffentlichungen im Gmeiner-Verlag:
Kumpeltod (2013)
Zur Strecke gebracht (2012)
Spielwiese (2011)
Sturm über Branitz (2011)
Gurkensaat (2010)
Wortlos (2009)
Menschenfänger (2008)
Narrenspiel (2007)
Racheakt (2006)
Seelenqual (2006)

FRANZISKA STEINHAUER

Wer mordet schon in Cottbus und im Spreewald?

11 Krimis und 125 Freizeittipps

Original

GMEINER

Besuchen Sie uns im Internet:
www.gmeiner-verlag.de

Im Ehnried 5, 88605 Meßkirch
Telefon 07575/2095-0
info@gmeiner-verlag.de

1. Auflage 2014

Lektorat: Claudia Senghaas, Kirchardt
Herstellung: Mirjam Hecht
Umschlaggestaltung: U.O.R.G. Lutz Eberle, Stuttgart
unter Verwendung eines Fotos von: © UweR – Fotolia.com
und © chekman – Fotolia.com
Druck: GGP Media GmbH, Pößneck
Printed in Germany
ISBN 978-3-8392-1583-8

Personen und Handlung sind frei erfunden. Ähnlichkeiten mit lebenden oder toten Personen sind rein zufällig und nicht beabsichtigt.

TODBRINGENDER BEIFANG

Matu lag ganz still. In seinem Blut.

Die blauen Augen zur Decke gerichtet.

Ein bisschen so, als fehlten ihm die Worte.

Dabei hatte er sonst immer mehr als erträglich davon zu bieten gehabt. Eine echte Nervensäge.

Wenigstens konnte er jetzt nicht länger über den Wels lamentieren. Tote eben. Die hatten naturgemäß andere Probleme.

»Nachtigall!«, meldete sich wenige Stunden später der Cottbuser Hauptkommissar unwirsch am Telefon. Ein Anruf noch vor dem ersten Kaffee am Morgen konnte nichts Gutes bedeuten.

»Wir haben hier eine Leiche. Einen Toten. Matu Krieschke sein Name. Unnatürliche Todesursache, meint der Arzt. Dem eingeschlagenen Schädel nach zu urteilen wohl Mord«, erklärte Hans Paulenz vom Polizeiposten Lübbenau.

»Erkennungsdienst ist schon vor Ort?«

»Ja, ja. Die Aliens kriechen hier rum und stellen Schildchen mit Nummern auf. Sehr zur Freude der interessierten Groß Klessower Bevölkerung. Sehr spannend. Bei uns passiert normalerweise nicht viel – das hier kennen die Leute nur aus dem Fernsehen.«

»Wie lautet die genaue Adresse?«, erkundigte sich Nachtigall und schrieb mit.

Den Zettel reichte er wenige Minuten später an seinen Kollegen Michael Wiener weiter.

»Wir fahren also nach Groß Klessow. Mal sehen, ob das Navi uns richtig führt, da hinten auf dem Weg nach Lübbenau verfährt es sich gern. Hm, Matu Krieschke. Der Name kommt mir bekannt vor.« Der junge Mann schüttelte ungeduldig den Kopf. »Egal, vielleicht fällt es mir unterwegs ein.«

Wiener bog in den Kreisverkehr ein und nahm die Abzweigung nach Burg.

»Wer hat den Toten gefunden?«, wollte Nachtigall von Hans Paulenz wissen.

»Der Sohn. Also eigentlich nicht. Einer der Hobbyfischer hat den Körper bemerkt und gleich am Haus geklingelt. So hat er den Sohn geweckt, und als der das Licht einschaltete …« Der Beamte räusperte sich unterdrückt.

»Wo finde ich den Vor-Sonnenaufgang-Angler?«

»Den habe ich dort drüben auf die Bank gesetzt. War ganz grün im Gesicht. Und ich dachte, besser der kotzt nicht direkt am Tatort.«

»Sehr gut«, lobte Wiener, zückte sein Notizbuch und machte sich auf, den Zeugen zu befragen.

Nachtigall stand derweil neben dem Opfer. Mord – das war eindeutig, da brauchte er nicht auf die Bestätigung durch den Rechtsmediziner zu warten.

»Stumpfe Gewalt«, vermutete auch der Arzt vom Dienst, der den Totenschein ausfüllte. »Dieses Ding da kommt als Tatwaffe sehr gut in Betracht.« Dabei wies er auf einen Aschenbecher, der auf einem der Fensterbretter stand. »Blut ist zwar nicht zu sehen – aber das muss ja nicht heißen, dass keines dran ist.«

Nachtigall entdeckte einen jungen Mann, der den Toten unverwandt anstarrte, als habe sein Blick sich festgesaugt wie ein Egel.

»Das ist sein Sohn, Maik«, wusste der Arzt. »Er hat auch die Polizei verständigt. Schrecklich. Die beiden haben hier zusammen gewohnt, nachdem die Mutter vor ein paar Jahren an Krebs … Na ja. Es war für beide ein ganz gutes Arrangement, denke ich. Weder Vater noch Sohn unbedingt kontaktfreudig.«

»Danke.« Der Hauptkommissar nickte dem Arzt zu und schlenderte langsam zum Sohn des Opfers hinüber.

Er hasste solche Situationen – die Hinterbliebenen waren mit ihrem Schmerz über den plötzlichen Verlust beschäftigt, und dann sollten sie ihm, einem Fremden, neugierige Fragen beantworten. Mit jedem Schritt nahm sein Unbehagen zu.

»Tut mir sehr leid, Herr Krieschke«, murmelte er beschwichtigend, als er den Mann erreicht hatte. »Es muss schrecklich sein, den eigenen Vater so auffinden zu müssen.«

»Dieser Angler klingelte Sturm. Als ich öffnete …« Die Stimme verdorrte bei der Erinnerung an das Unfassbare. »Mein Vater konnte die nie leiden, diese Urlaubsangler. Gingen ihm auf die Nerven.«

Der junge Mann schwieg, atmete dann tief durch und setzte leise hinzu: »Seit es diesen Gurkenradweg gibt, hat er nur noch gemeckert. Wegen der Seentour [1] kommen immer mehr von denen zum Gucken hat er gemault. Seiner Meinung nach waren die nicht hier, um die wunderschöne Landschaft zu genießen, die Ruhe und die Ungestörtheit der Natur – nein, er war sicher, die wollten unsere Seen und Teiche leer angeln. Brassen, Karpfen, Rotfedern, Hechte und Schleien gibt es bei uns bald nicht mehr, hat er gern orakelt, nur wegen dieser Freizeitangler, die oft genug nicht einmal wüssten, was da an der Angel hängt. Fische – sein großes Thema!«

»Es ist mir wirklich unangenehm. Aber ich müsste Ihnen ein paar Fragen stellen«, erklärte der schwere Ermittler mit gedämpfter Stimme.

»Natürlich müssen Sie das. Ich habe das riesige Loch in seinem Schädel schließlich gesehen! Jemand hat meinen Vater kaltblütig umgebracht!« Mit zitternden Fingern strich der Sohn sich das schlafwirre Haar aus der Stirn und zog den Reißverschluss der Jacke hoch.

»Sieht wirklich so aus. Sicher wissen wir es aber erst morgen. Schauen Sie sich doch bitte um – fehlt etwas? Wurde etwas im Garten verändert?«

Der junge Mann kniff die Augen zusammen und sah sich um. »Ist schwer zu sagen, jemand könnte etwas unter den Blumen abgelegt haben. Soll ich unter jeden Busch, unter jeder Staude, unter dem Efeu – überall nachsehen?«

»Nein. Die Frage war eher allgemein. Gibt es etwas, was auf den ersten Blick fremd ist?«

Ein schlauer Zug kroch über die lausbubenhafte Miene.

Wie alt mag der Sohn sein, überlegte Nachtigall, schwer zu schätzen, vielleicht 20, vielleicht 40?

»Sie fragen, weil Sie wissen möchten, ob der Mörder die Tatwaffe mitgebracht hat oder eine günstige Gelegenheit für sich nutzte, nicht wahr?«

Der Cottbuser Ermittler nickte und fluchte innerlich auf die Krimiserien im Fernsehen. Inzwischen glaubte wohl jeder, das Talent eines begnadeten Detektivs in sich zu spüren! »Genau!«

»Ich habe sofort bemerkt, dass mein Lieblingsaschenbecher weg ist. Mein Vater duldete nicht, dass im Haus gequalmt wird. Er jagte mich bei jedem Wetter vor die Tür. Gnadenlos.«

»Was war das für ein Aschenbecher?«

»Groß. Quadratisch mit geschliffenem Rand. Glas und im Boden eine Bierwerbung. Aus irgendeiner Kneipe.«

Also doch nicht der runde, wie der Arzt vermutet hatte, registrierte der Hauptkommissar automatisch, nach der möglichen Tatwaffe würden die Kollegen suchen müssen.

Nachtigall räusperte sich. »Gab es jemanden, der Ihren Vater so sehr gehasst haben könnte, dass er ihn umbringen würde?«

Der Sohn begann ohne Umschweife mit der Aufzählung, nahm seine Finger zu Hilfe, um die Anzahl zu verdeutlichen. »Jan Sauer, der wird ihm nie verzeihen, dass er naja, ihm die Frau für eine Affäre ausgespannt hat, Jürgen Meinkes, Paul Schmied, Gerd Handler – ehrlich gesagt, der halbe Ort. Am schlimmsten aber hat er sich mit dem Hubert Groscher gestritten. Dabei ging es um diesen blöden Fisch. Zwei erwachsene Männer zanken sich um einen toten Wels!«

»Aha?« Nachtigalls Miene verriet seine Ratlosigkeit.

»Ja! Mein Vater hat immer behauptet, er habe den Wels großgezogen. So ein Quatsch! Er und sein Vater – also quasi ein Mehrgenerationenprojekt. Ich sollte in seine Fußstapfen treten, aber mal ehrlich, wer interessiert sich schon für einen Fisch? Ich jedenfalls nicht!« Das Gesicht Maiks war vor Zorn rot angelaufen. »Ständig kam er mir mit dem Vieh. Der Wels braucht dies, der Wels braucht das. Er liebt das Besondere. Dabei war er gar nicht sicher, ob das Vieh überhaupt noch im See war! Er konnte es bestenfalls vermuten. Indizienbeweise sozusagen.«

»Und worüber haben sich die beiden konkret gestritten?«

»Nun, Hubert Groscher hat vor zwei Wochen einen kapitalen Wels aus dem Wasser gezogen. 49 Kilo! Mein Vater war nun der Meinung, das sei Frevelei, Diebstahl! Weil das ja sein Wels gewesen sei. Der Hubert hat nicht mal erzählt aus welchem See er den Fisch … es war lächerlich. Und seither geht der Zank von einer Runde in die nächste. Mein Vater war wütend hoch zehn. Weil der Hubert ja nie etwas in den Fisch investiert hat, er aber schon! Jede Menge Geld und Zeit. Lebenszeit für seinen Fisch! Und jeden Tag ist er hingefahren und hat nach dem Rechten gesehen, wie er das nannte. Darüber hat der Hubert nur laut gelacht.«

»Konnte Ihr Vater denn beweisen, dass es sein Fisch war?«

»Ja wie denn? Steht ja nicht Krieschke drauf! Aber er war eben fixiert. Es ging sogar das Gerücht, er fange Katzen und kleine Hunde, um sie bei lebendigem Leib mit Gewichten beschwert im Wasser zu versenken und das Riesenvieh zu füttern. Leckerli sozusagen.«

»Und? Stimmte das?« Nachtigall dachte an seine eigenen beiden haarigen Hausgenossen. Was für ein schändliches Verhalten, Katzen zu fangen, um sie dann … Er atmete tief durch. Der Sohn war an diesen Aktionen wohl nicht beteiligt gewesen.

»Nein!« Unsicher setzte Krieschke hinzu: »Hoffe ich jedenfalls.«

Woraus man schließen kann, dachte Nachtigall, dass ihm solch ein Handeln durchaus zuzutrauen gewesen wäre. Kein sympathischer Zeitgenosse!

»Wozu all der Aufwand um den Wels?«, fragte er weiter.

»Ach – manche haben mich schon in der Grundschule gehänselt. Wenn der Fisch irgendwann mal gefangen wird, ist er sicher ungenießbar, weil viel zu alt! Dann haben sich die ganze Fütterei und das Geld dafür gar nicht gelohnt. Aber darum ging es natürlich nicht. Mein Großvater wollte, dass einmal einer der Krieschkes ins Guinness-Buch der Rekorde kommt. Der größte und älteste Wels aller Zeiten von einem Krieschke aus Groß Klessow gefangen! Ehre! Das war's.«

»Und nun glaubte Ihr Vater, ein anderer habe all diese Träume zunichte gemacht. Das wäre ein Mordmotiv – aber der erfolgreiche Angler lebt. Ihr Vater wurde getötet. Vielleicht gab es noch ein anderes Motiv?«

»Vielleicht war Hubert das ganze Gezeter einfach leid. Was weiß ich!« Der Sohn seufzte tief und starrte wieder auf den Rasen zwischen seinen Hausschuhen. »Sagen Sie, glauben Sie der Fleck auf meinem Pantoffel ist Blut?«, murmelte er dann mit schwankender Stimme. »Blut von meinem Vater?«

Michael Wiener kam zu den beiden herüber. »Der Angler gibt an, er habe keine Menschenseele getroffen. Nur eine alte Frau, die durch die Straßen ging und dabei sonderbare Geräusche ausgestoßen habe. Senile Bettflucht, meint er.«

»Wir werden mit dem Angelkonkurrenten sprechen. Offensichtlich hatte es einen erbitterten Streit um die Beute gegeben. Dem müssen wir nachgehen.«

Wie sich herausstellte, konnte Hubert mit einem Alibi und einem Zeugen aufwarten.

Er hatte bis zum Morgen in der Kneipe gesessen und wurde danach vom Wirt höchstpersönlich nach Hause begleitet.

»Begleitet! Eine schöne Umschreibung. Geschleppt hab' ich ihn! Der Hubert konnte sich kaum auf den

Beinen halten, obwohl er zu zwei Dritteln auf meiner Schulter hing. Im Grunde ist er gar nicht mehr gegangen. Ich habe ihn an der Haustür seiner Liebsten in die Arme gedrückt. Die hat mir die Tür vor der Nase zugeschlagen, und ich konnte ihr Gezeter bis ans Gartentor hören. Tat mir fast ein bisschen leid, der Hubert. Frauen haben eben kein Verständnis – weder für den armen unschuldigen Wirt noch für den Frustabbau des Gatten mit Hilfe von Spreewaldbitter.«

»Frust?«, hakte Nachtigall nach.

»Ach, na ja, die beiden Streithähne hatten sich doch wieder so richtig in der Wolle. Erst ging es ganz allgemein um die Angeltouristen. Sitzen ja fast an jedem Wasserloch. Nirgends ist man vor denen sicher: Kittlitzer See 2, Kossateich 3, Stradower Teiche 4, die hocken überall. Na und dann gab's den üblichen Zoff wegen des Welses. Das geht allen gehörig auf die Nerven. Kaum war der Matu türknallend verschwunden, hat der Hubert angefangen, seinen Ärger wegzuspülen.« Nach einer kurzen Atempause setzte er augenzwinkernd hinzu: »Eigentlich müsste es Streitschafe oder noch besser Streithammel heißen. Damit das Bild stimmt.« Er keckerte leise. »Die haben sich so was von angebrüllt. ›Was hättest du denn je für den Wels getan? Hä? Du hattest kein Recht, ihn aus dem See zu ziehen!‹, hat der Matu geschrien, und der Hubert hat geblafft: ›Hat dich ja keiner gezwungen, dem Fisch Leckereien anzubieten! Außerdem weißt du doch gar nicht, ob es dein Wels war.‹ So ging das hin und her. Nervig. Echt nervig!«

»Als Herr Krieschke das Lokal verlassen hatte und alle anderen mit Bitter versorgt waren – was haben Sie getan? Sind Sie Herrn Krieschke nachgegangen, um sicherzugehen, dass er gesund nach Hause kommt?«

»Nein. Ich habe überprüft, ob sich eine von den Glasscheiben in der Kneipentür gelockert hat. Der Matu hat die Tür derart zugehauen – hätte schon sein können, dass da was vom Kitt bröselt. Und wenn dann so eine Scheibe einem der Gäste auf die Füße fällt, muss ich für den Schaden haften!«

»Und?«

»War nicht. Ich bin gerade rechtzeitig zum Tresen zurück, um Huberts Glas wieder aufzufüllen. Ist doch auch schade: Da fängt er schon mal so einen außergewöhnlichen Fisch und kann sich nicht einmal richtig darüber freuen, weil so ein Miesmacher dauernd stänkert.«

»Heißt das, Sie hatten Hubert von da an die ganze Zeit über im Blick?«

»Aber ja! Der ist ja nicht mal aufs Klo!«

Innerhalb weniger Stunden hatte die Mordermittlung einen toten Punkt erreicht. Nachtigall fluchte frustriert.

»Vielleicht kann uns die alte Dame weiterhelfen, die der Zeuge gesehen hat.« Wiener blätterte in seinem Notizbuch. »Die mit der senilen Bettflucht.«

»Magda Mandel. Die habe ich auch gesehen, als ich den Hubert … Angeblich ist die öfter mal in der Nacht unterwegs.«

»Oh, ja. Den Wirt und seinen letzten Gast habe ich getroffen. Hubert war so betrunken, der bekam die Augen gar nicht mehr auf. Bloß gut, dass unser Wirt so ein starker Mann ist.«

»Und was haben Sie mitten in der Nacht …« Nachtigall stockte. Schließlich war die alte Dame schon länger erwachsen als er selbst und konnte spazieren gehen, wann immer sie Lust dazu hatte.

Frau Mandel schmunzelte. »Ich füttere die Streuner. Keiner kümmert sich um die armen Tiere – also tue ich das. Gelegentlich hilft mir ein junger Mann, sie einzufangen. Dann lasse ich sie sterilisieren und kastrieren. Das beruhigt die Situation etwas und entschärft den Umgang der Katzen mit den Vogelliebhabern. Operierte Katzen und Kater sind nicht mehr so jagdfreudig. Und auf Nachwuchs müssen die Pelzies eben verzichten. Ist nicht so schlimm, ich habe auch keinen. Lebt sich ganz gut ohne.«

Wiener, frisch gebackener Vater, grinste breit.

»Die jungen Mädchen sagen mir oft, Kinder kriegen wird hoffnungslos überbewertet. Es geht um den Spaß im Leben – und den hat man leichter ohne Nachwuchs. Nun ja.« Bekümmert schüttelte die alte Dame den Kopf, die kleinen Dauerwellenlöckchen wackelten aufgeregt.

»Haben Sie auch von dem Gerücht gehört, Matu verfüttere Haustiere an seinen Wels?«, wechselte Nachtigall das Thema.

»Oh, ja. Aber so etwas durfte er natürlich nicht tun. Schändlich ist das. Es gab laute Proteste, und er versicherte allen, er habe es nie versucht und wolle es auch nicht. Verleumdung sei das! Und er wisse auch genau, aus welcher Ecke das käme. Nun ja, das konnten wir nun glauben oder nicht.« Sie lächelte milde. »Der eine hat sein Herz an Fische verloren, der andere an vierbeinige Fellträger. Ein jeder muss die Vorliebe des anderen zu akzeptieren lernen. Wir werden nie erfahren, ob etwas Wahres an dem Gerede war. Katzen gehen häufig ihre eigenen Wege, und die führen sie manchmal nicht nach Hause zurück – ganz ohne Matus Eingreifen.«

»Noch jemand ist Ihnen in dieser Nacht nicht begegnet?«, führte Michael Wiener die alte Dame wieder zum aktuellen Mordfall zurück.

»Doch, überraschender Weise sogar eine Menge Leute. Bei uns schläft man normalerweise in der Nacht, wissen Sie? Auf meinen Futtergängen treffe ich ausgesprochen selten jemanden. Doch diesmal habe ich einen dieser Angler gesehen, die immer ganz früh ihr Glück versuchen wollen. Dabei schlafen die Fische um diese Zeit wahrscheinlich auch noch und sind nicht in Frühstückslaune. Jan Sauer war unterwegs, wohl auf dem Heimweg aus der Kneipe. Er stand unter einem Baum und rauchte. Den hat wohl Klara mal wieder rausgeschmissen, dachte ich noch. Das tut sie manchmal, wenn er zu lange mit seinen Freunden gezockt hat. Wenn ich es genau bedenke, sehe ich ihn regelmäßig unter einer Laterne.« Frau Mandel schüttelte missbilligend den Kopf, was nun bedeuten konnte, dass sie die Zockerei verabscheute oder Klaras Verhalten dem Lebensgefährten gegenüber als nicht angemessen empfand.

Als sie die beiden Beamten zur Tür begleitete, fiel Nachtigall der Futternapf auf.

»Sie haben auch einen schnurrenden Mitbewohner?«, fragte er und erklärte: »Ich habe zwei Katzen, die mir erlauben, ihnen Obdach und Pflege zu gewähren.« Er zwinkerte der alten Dame zu.

»Oh ja. Bei mir lebt ein stattlicher und selbstbewusster Kater. Der ist seit ein paar Tagen nicht vorbeigekommen. Manchmal bleibt er sogar mehrere Wochen weg. Aber er kommt irgendwann immer nach Hause zurück.«

»Jan Sauer – war das nicht der Mann, dessen Frau ein Verhältnis mit Krieschke gehabt haben soll?«, fragte Wiener auf dem Weg zum Auto. »Wäre zumindest ein gutes Mordmotiv.«

»Genau. Seinen Namen hat auch der Sohn als ersten genannt, als ich ihn nach Feinden seines Vaters gefragt habe. Offensichtlich war der Streit zwischen den beiden nicht beigelegt. Trotz der neuen Partnerin. Vielleicht sitzt die Schmach betrogen worden zu sein zu tief.«

Jan Sauer war, wie sich bei der Überprüfung herausstellte, einer der Postzusteller der Stadt.

»Ist ja ein bisschen verkehrte Welt, oder?«, meinte Wiener und zwinkerte. »Ist nicht in vielen Geschichten der Briefträger der Verführer? Und hier ist er selbst der betrogene Ehemann.«

»Das habe ich mir gleich gedacht.« Jan Sauer verzog das Gesicht zu einer Grimasse als die Beamten sich auswiesen. »Müssen Sie mich unbedingt auf meiner Tour abpassen? Ich bin in Zeitdruck«, maulte er.

»Herr Sauer, wir auch. Mordermittlung ist immer eine Expressangelegenheit«, beschied ihm der Cottbuser Hauptkommissar launig.

»Ich habe ein Alibi. Für die ganze Nacht!«

»Dann ist diese Befragung für Sie ja ganz schnell beendet! Wo waren Sie und wer kann das bezeugen?«

»Meine Mutter bekommt zweimal am Tag Besuch vom Pflegedienst. Gegen 17:30 Uhr rief mich der Pfleger an, ich solle kommen, meiner Mutter ginge es schlecht, den Hausarzt habe er auch schon verständigt. Im Alter von 80 Jahren ist hohes Fieber keine Bagatelle mehr. Also fuhr ich zu ihr.«

»Und Zeugen?«, hakte Nachtigall freundlich nach und fragte sich, wie Frau Mandeln ihn denn gesehen haben konnte, wenn seine Aussage stimmte.

»Der Pfleger wartete auf mich, erklärte mir die Situation als ich gegen 18 Uhr ankam. Der Hausarzt war zweimal da und meine Schwester kam ebenfalls so gegen 19 Uhr. Wir blieben die ganze Nacht. Am Morgen ging es unserer Mutter besser und wir frühstückten gemeinsam mit ihr.«

»Wie erklären Sie sich, dass wir einen Zeugen haben, der Sie in den frühen Morgenstunden beobachtet haben will. Auf dem Heimweg von der Kneipe, in der Nähe von Matu Krieschkes Haus.«

»Das muss ich gar nicht erklären«, brauste Sauer auf. »Das ist Ihr Job, das herauszufinden. Vielleicht braucht Ihr Zeuge eine neue Brille?«

Wiener notierte sich die Namen, Telefonnummern des Pflegers und der Schwester Sauers, sowie die Telefonnummer des Hausarztes. Er zog sein Handy aus der Tasche, trat wenige Schritte zur Seite und begann die erste Nummer einzutippen.

»Ihre Frau hatte ein Verhältnis mit Matu Krieschke. Wir wissen, dass Sie deshalb großen Ärger mit ihm hatten.« Nachtigall sah den Postboten durchdringend an.

»Ihre Frau ist treu?«, fragte Sauer zurück. »Dann kennen Sie nicht das Gefühl betrogen worden zu sein. Diesen Schock, wenn Sie erkennen, dass man Sie über einen langen Zeitraum hintergangen und belogen hat.«

Nachtigall kannte das alles sehr gut – aber das ging Jan Sauer natürlich nichts an. Deshalb schwieg er schlicht und ließ den anderen reden.

»Klar war ich wütend. Und ich wusste auch gar nicht, auf wen ich gern zuerst schießen würde. Doch dann ist mir klar geworden, dass unsere Ehe ohnehin nicht mehr viel getaugt haben konnte, wenn meine Frau sich mit einem wie Matu einlässt. Wir haben uns scheiden lassen – und gelegentlich treffen wir uns in Cottbus zum Essen. Krieschke hätte ich gern ausradiert. Aber wir begegneten uns hier immer wieder mal. Alle wussten von dem Seitensprung. Doch inzwischen ist er kein Thema mehr. Für mich auch nicht. Ich habe jetzt Klara.«

Wiener trat neben Nachtigall. Schüttelte unmerklich den Kopf.

»Vielen Dank Herr Sauer«, verabschiedete sich Nachtigall. »Wenn wir noch weitere Fragen haben, kommen wir auf Sie zu.«

Grußlos ließ der Postbote die beiden Ermittler stehen, sprang in sein Auto zurück und fuhr davon.

»Alles wurde bestätigt. Frau Mandel muss sich getäuscht haben.«

»Oder sie hat einfach die Nächte verwechselt. Sie meinte ja, er stehe oft dort. Offensichtlich leidet sie regelmäßig an Schlaflosigkeit und sucht dann das Gespräch mit den streunenden Katzen«, antwortete Nachtigall und seufzte.

Schon wieder eine Sackgasse!

Zwei Tage nach den dramatischen Ereignissen goss Frau Mandel sich die erste Tasse Kaffee des Tages ein, zog den Bademantel etwas enger, griff nach dem Briefkastenschlüssel und schlurfte zum Gartentor.

Als sie die Zeitung aufschlug, sah sie einen unbekannten Mann mit einem unfassbar großen Fisch als Titel abgebildet. ›Angler aus Alt Schadow fängt Riesenwels aus Neuendorfer See 5! 67 Kilo schwer, 2,25 Meter lang‹, stand darunter. »Ach, Matu, wenn du noch leben würdest, wäre das ein neuer Aufreger für dich. Vielleicht war das ja dein Wels. Der größte, den hier einer rausgeholt hat!«

Etwas Weiches schmiegte sich an ihre Beine.

Glücklich bückte sie sich, stopfte die Zeitung unter den Arm und streichelte mit Tränen in den Augen durch das weiche Fell ihres geliebten Katers. »Ach, Diabolo, du Rumtreiber! Da bist du ja wieder! Ich habe mir solche Sorgen um dich gemacht, mein Schwarz-Weißer! Jede Nacht habe ich nach dir gesucht!« Jetzt liefen die Tränen der Erleichterung und Freude ungehindert über ihre faltigen Wangen.

Der Kater folgte ihr mit erhobenem Schwanz ins Haus, sprang auf die Anrichte in der Küche, maunzte.

Fordernd, nicht bettelnd. Schließlich war er sich seiner Bedeutung in diesem Haushalt bewusst.

»Und nun hast du ordentlich Hunger, wie?« Die alte Dame drückte ihm einen schnellen Kuss auf die Nase – direkt unterhalb der schwarzen Gesichtsmaske, der er seinen Namen verdankte. »Das Beste weißt du wohl noch gar nicht. Das Problem mit Matu hat sich endgültig erledigt! Was für ein Schreck das war, als Maik mir erzählte, Matu habe eine schwarz-weiße Katze … Ach, ja. Das konnte ich nun wirklich nicht auf sich beruhen lassen, oder?« Während der Kater schnurrend über sein Frühstück herfiel und ihren Bericht mit lautem Rom-Rom-Rom kommentierte, fuhr sie ihm erneut durch das seidige Fell. »Sorgen musst du dir deswegen nicht machen, Diabolo. Ich bin zu alt für den Knast!«

Zufrieden lächelnd kehrte sie zu ihrem eigenen Frühstück zurück.

Blätterte im Lokalteil der Zeitung. »Ach, na so was. Vor einer Woche hat Maik im Lotto gewonnen! Wie schön für ihn, wo der Vater ihn immer so knapp gehalten hat. In dem Artikel steht, er wolle heiraten und in die Flitterwochen nach Namibia starten. Das hätte Matu ihm niemals erlaubt.« Sie goss sich eine zweite Tasse Kaffee nach, gab dem Kater einen Heimkehrerzuschlag in Form einer Scheibe gekochten Schinkens. »Stell dir vor, der arme Junge musste die Hälfte seines Einkommens an Papa abtreten – nur wegen des blöden Fisches. Und von seiner Susi hat er dem Papa sicher auch nichts erzählen können.« Vergnügt beobachtete sie Diabolo beim Verputzen der Extraration. »Wie schön, wieder Gesellschaft zum Frühstück zu haben! Ach, mein Schöner. Du glaubst ja gar nicht, wie sehr ich dich vermisst habe.«

Der Kater bedankte sich kätzisch durch Anschmiegen an die Beine.

»Da hat der Maik irgendwie Glück gehabt, dass der Matu nun tot ist, bevor alle von dem Gewinn erfahren haben. Ich sag's nur, wie es ist. Weder der Hochzeit mit der Susi noch der Reise hätte der Papa zugestimmt – und der Maik hat nie was gegen den Alten entscheiden können. Zu schwach. Die Leute hätten sich doch das Maul zerrissen. Womöglich wäre er unter Verdacht geraten!«

Während sie den Tisch abräumte, Butter und Marmelade in den Kühlschrank stellte, meinte sie nachdenklich: »Ob er mir wohl deshalb von dem Beifang erzählt hat? Von dem Fell einer schwarz-weißen Katze. Mit Gesichtsmaske. Hat angeblich einer der Anglertouristen aus dem See gezogen. Na, ist ja auch egal. Der Matu war gestürzt – ich habe nur ein bisschen nachgeholfen – nun, ich kann nicht behaupten, auf dem Weg ins Paradies, denn ich denke, der Teufel landet bei seinesgleichen. Und in so einem Fall zählt nur das Ergebnis, nicht wahr, Diabolo? Angst vor Matu muss nun keiner von euch mehr haben. Insofern ist doch alles sehr positiv.«

Es klingelte.

Sie öffnete.

»Guten Morgen«, begrüßte Peter Nachtigall die alte Dame, »ich glaube, wir beide müssen uns noch einmal über die letzten Minuten im Leben des Matu Krieschke unterhalten. Sie waren maßgeblich an seinem Abschied aus dem Leben beteiligt, nicht wahr? Ich denke, Sie sollten mir erzählen, was in jenen Stunden passiert ist, meinen Sie nicht auch?«

FREIZEITTIPPS:

1 Seetour: Lübbenau – Eisdorf – Hindenberger See – Stoßdorfer See – Zinnitz – Lichtenauer See – Bathow – Kittlitzer See – Groß Klessow – Lübbenau, circa 35 Kilometer.

2 Kittlitzersee: Angelsee

3 Kossateich: Angelsee

4 Stradower Teiche – Gurkenradweg streift hier die Seen, weitere Touren unter www.spreewald.de

5 Neuendorfer See: wird vom Gurkenradweg umrundet, Wassertiefe 2,80 Meter, Angelsee. Größter Fang: Riesenwels, 2,25 Meter lang, 67 Kilogramm schwer.

KEINER VON UNS

»Nun, Herr Schober, Sie werden tatsächlich nach Kaupen zurückkehren?« Der Unterton von ernster Besorgnis war bei der Frage des Cottbuser Hauptkommissars herauszuhören.

Der junge Mann, der sich in den Jahren der Haft äußerlich kaum verändert hatte, nickte entschieden.

»Logisch. Wo soll ich denn sonst hin? Es ist das Haus meiner Großmutter, sie hat es mir vererbt – und deshalb ziehe ich hin! Heimat eben.«

Er lächelte und erklärte: »Sehen Sie, seit Jahren freue ich mich nun auf die erste Kahntour. Vielleicht über Leipe [6]. Oder ich leihe mir ein Boot [7] und fahre über die Wasserwanderwege [8] wohin mir gerade der Sinn steht, oder lasse mich treiben. Ich habe auch von den Arbeiten am Schloss gehört. Beuchow [9]. Ist auch ein Ziel für die nächsten Tage. Hat sich sicher vieles verändert.«

»Die Leute sind nicht glücklich über Ihren Entschluss. Man hat Sie darüber informiert, dass es im Vorfeld Ihrer Entlassung Protest gegeben hat, nicht wahr?«

»Ja, schon klar. Habe ich nicht anders erwartet. In Kaupen gibt es viele, die zu wissen glauben, was damals passiert ist. Dort leben offensichtlich lauter Hellseher, die nimmermüde erklären, was außer dem Täter niemand wissen kann. Aber woher wollen die Leute die

Wahrheit kennen? All die Jahre habe ich beteuert, dass ich es nicht war! Aber mir wollte keiner zuhören.«

Nachtigall seufzte.

Auch er war damals restlos von der Schuld des Mannes überzeugt gewesen.

Aber vielleicht hatten sich alle getäuscht.

Ein Indizienprozess.

Unbefriedigend. Am Ende stand ein Schuldspruch.

»Können Sie nicht vorübergehend bei jemand anderem unterkommen?«

Verständnislos sah Schober ihn an. »Bei Freunden, meinen Sie? So was habe ich seit der Verurteilung nicht mehr.«

Nachtigall versuchte noch einen Vorstoß. »Wenn Sie jetzt ans Fließ zurückziehen, wird in den Nachbarn die Erinnerung wach. An das Mädchen. Den Anblick ihres toten Körpers, der im Wasser schwamm. An die Verzweiflung der Eltern, die nie wieder ins Leben zurückgefunden haben. Können Sie diesen Hass aushalten?«

»Hören Sie, ich komme aus dem Knast. Kinderficker und Kindermörder rangieren nicht unbedingt auf Platz eins der Beliebtheitsskala. Die wollten mir auch nicht glauben, dass der Richter sich geirrt hat. ›Das sagen sie alle!‹, haben die mich verhöhnt und dann die Bestrafungen eingeleitet. Ich habe unschuldig all die Jahre abgesessen – und überlebt. Schlimmer kann es nicht kommen.«

»Schlimmer geht immer!«, orakelte Nachtigall ernst.

Der Exhäftling grinste breit.

»Den Spruch kenn ich. Meine Oma hatte den auch im Repertoire. Ich denke, die Sache wird sich in ein paar Tagen beruhigen. Im Grunde haben mich die Leute immer gemocht. Trotz der Streiche, die ich als Kind ausgeheckt habe.«

»Herr Schober«, die Stimme des Ermittlers war drängend, »wenn Sie wirklich unschuldig gesessen haben, dann dürfte auch der wahre Mörder nicht begeistert über Ihre Heimkehr sein. Möglicherweise geraten Sie in Lebensgefahr.«

Schober fuhr sich mit allen zehn Fingern durch sein dichtes dunkles Haar, das nach der neuesten Mode geschnitten worden war. Asymmetrisch. Die Unterwolle ausrasiert. Dazu passend die schicke Variante des Dreitagebarts, sorgfältig getrimmt. Ein gut aussehender Lausbub, dachte Nachtigall und hoffte inständig, die optimistische Grundhaltung möge sich als richtige Einstellung erweisen.

»Ach das ist Unsinn. Wenn der damals unentdeckt geblieben ist, hat er sich bestimmt längst aus dem Staub gemacht! Alles andere wäre dumm! Kann ich jetzt gehen?«

Nachtigall reichte seinem Besucher die Hand. »Natürlich. Sie sind frei. Ich hatte Sie zu diesem Gespräch nur in mein Büro gebeten, um Sie zu warnen.«

Als wenige Tage später eine Leiche in Lübbenau angeschwemmt wurde, hatte der Cottbuser Hauptkommissar sofort ein mulmiges Gefühl.

Auch Michael Wiener erging es so. Als er den Motor startete, meinte er: »Der Kollege hat nur von totem Körper gesprochen. Ortsteil Kaupen. Er war selbst nicht am Fundort. Wenn da nun wieder eine Kinderleiche angespült wurde, müssen wir Schober unter Polizeischutz aus dem Haus evakuieren. Sonst schlagen ihn die Dorfbewohner tot.«

»Alle werden glauben, dass er in den letzten Jahren nur auf eine zweite Chance gewartet hat. Kaum raus aus dem Knast, begeht er den nächsten Mord. In den Serien im Fernsehen ist das auch immer so. Einmal Killer, immer Killer. Über den Widerstand gegen seine Rückkehr wurde sogar in den Lokalnachrichten ausführlich berichtet.«

»Und wenn er es war? Damals und diesmal?«

Nachtigall brütete den Rest der Fahrt schweigend vor sich hin.

Es war keine Kinderleiche.

Markus Schober trieb bäuchlings im Fließ.

Männer in Schutzkleidung zogen ihn vorsichtig ans Ufer, drehten ihn auf den Rücken.

Sein Gesicht.

Nachtigall schauderte. Im Grunde erkannte er nur die Frisur.

Der Arzt vom Dienst beugte sich über den Körper. Arbeitete schweigend.

Nach einer gefühlten Ewigkeit stellte er fest: »Das Opfer wurde erstochen. Das Gesicht hat der Täter mit einem mehrzinkigen Werkzeug so zugerichtet.« Dann schüttelte er verständnislos den Kopf. »Warum ist er bloß hierher gezogen? So eine idiotische Idee.«

»Erstochen?« Nachtigall wollte die Entscheidung Schobers nicht diskutieren. Sie war ein Fehler gewesen, das konnte jeder überdeutlich sehen.

»Ja. Wahrscheinlich eine relativ lange Klinge. Die gesamte Kleidung wurde durchstoßen und danach drang sie wohl noch weit in den Körper ein. Bei dieser Art von modernen Geweben ist es gar nicht leicht alle Schichten mit einem Stich zu überwinden. Kraft war erforderlich. Aber natürlich hätte eine starke Frau ihn auf diese Weise töten können. Einen Suizid halte ich für unwahrscheinlich, auch wegen der Verletzungen im Gesicht. Genaueres wird der Rechtsmediziner dazu sagen können. Die Waffe steckt. Die zieht der Rechtsmediziner am besten selbst raus. Sonst entstehen nur irreführende Spuren.«

»Wie?« Nachtigall hatte nicht richtig zugehört, starrte nur betroffen auf den kalten Körper zu seinen Füßen.

»Es könnte sein, dass ich beim Rausziehen den ursprünglichen Stichkanal verändere. Das gilt es zu vermeiden. Es könnte eventuell die Aussagen über das Tatgeschehen beeinflussen, zum Beispiel wäre es denkbar, dass der Rechtsmediziner annehmen muss, der Täter habe mehrfach zugestochen. Außerdem ergeben sich aus dem Winkel und dem Verlauf des Kanals sowie der Eindringtiefe wertvolle Hinweise auf den möglichen Täter.«

»Ja. Das wäre nicht hilfreich«, murmelte Nachtigall

und dachte, so genau wollte ich es gar nicht wissen, vielleicht hatte der Arzt gerade eine Forensikfortbildung mitgemacht und das Bedürfnis, seine neuen Erkenntnisse mit jemandem zu teilen. Er selbst fragte sich, ob er nicht eine Mitschuld am Tod Schobers hatte. Aber wie sollte er einem Erwachsenen verbieten, in das Haus der Großmutter zu ziehen, das ihm gehörte? Hätte man vielleicht eine Verfügung erwirken können?

»Gibt es jemanden, der sich bei den Protesten besonders hervorgetan hat?«, hörte er sich fragen und wusste doch, dass die Lösung des Falls so einfach nicht sein würde.

»Am lautesten geschrien hat sicher Magnus. Magnus Keil. Der Onkel von Jasmin.«

»Wohnt er noch hier?«, wunderte sich Nachtigall. »Ich dachte, nach dem Prozess sei die ganze Familie weggezogen.«

»Ursprünglich schon. Aber seine Frau wollte zurück in den Spreewald. Köln war wohl nichts für sie. Also ist Magnus vor ein paar Jahren wieder hergekommen.«

»Ich dachte …«

»Magnus ist ein Maulheld. Große Klappe, nichts dahinter. Der hat Stimmung gegen Schober gemacht, aber der Typ, der wirklich zusticht, ist er nicht.«

»Wer hat den Toten überhaupt gefunden?«

»Einer der Fährleute. Der ging das Stück Fließ ab, weil vorgestern eine Gruppe Paddler unterwegs war und offensichtlich mindestens drei Boote in der Kehre das Ufer gerammt haben. Er wollte überprüfen, ob bei der Kollision Schäden entstanden sind.« Dabei wies er auf einen Herrn mittleren Alters, der seinen Kopf in die Hände gelegt hatte, als könne er so das unsichtbar machen, was am Ufer lag.

»Florian Schopf. Hat vor vielen Jahren eine Therapie gemacht. Die Einsamkeit hier war für manche Jugendliche nicht gut zu ertragen, hoffentlich kommt er mit all dem hier klar«, ergänzte der Arzt, und Nachtigall nickte ihm kurz zu, machte sich auf den Weg, den Zeugen zu befragen.

»Sie haben den Toten gefunden.«

Nicken.

»Wussten Sie gleich, um wen es sich handelt?«

Nicken.

»Er wurde erstochen. Können Sie sich vorstellen, wer ihn so gehasst hat?«

»Alle.«

»Und wer genug, um ihn umzubringen?«

»Weiß ich nicht.«

»Geben Sie dem jungen Mann dort drüben bitte Ihre Anschrift. Damit wir uns bei Ihnen melden können, wenn wir noch Fragen haben.« Nachtigall bekämpfte den Drang, diesen Zeugen an den Schultern zu packen und zu schütteln.

Michael Wiener, der gerade neben seinen Kollegen trat, zückte sein Notizbuch und sah den Zeugen auffordernd an.

»Na dann. Bitte!«

Nachtigall kehrte zum Arzt zurück, klopfte ihm auf die Schulter. »Möchten Sie nicht einen Tipp für die Todeszeit abgeben? Dann wüsste ich, was ich meine Gesprächspartner fragen soll.«

»Ganz ehrlich? Nein. Er hat vielleicht stundenlang im Wasser gelegen. Da kühlt der Köper schneller aus. Oder langsamer, wenn das Wasser wärmer als die Luft ist. Da kann ich mich mit einer Prognose nur in die Nesseln setzen. Irgendwann zwischen gestern und heute hilft Ihnen schließlich auch nicht weiter.«

Da hat er recht, räumte der Hauptkommissar ein. War aber dennoch unzufrieden. Leise knurrend wandte er sich ab. Sah mit zunehmender Verwunderung einen Mann heranstürmen.

Ein Beamter in Uniform war ihm auf den Fersen.

»Was fällt Ihnen denn ein! Bleiben Sie stehen. Dies ist ein Tatort, da haben Sie keinen Zutritt!«

Unbeeindruckt rannte der Mann mit wehender Jacke weiter.

Als er näher kam, hatte Nachtigall vage den Eindruck, dem Mann schon einmal begegnet zu sein.

Klar!, fiel ihm ein, der Onkel des damaligen Opfers, Jasmin.

Der Zahn der Zeit hatte an Magnus Keil heftig genagt, seine früher markanten Züge unter Fett verschwinden lassen. Die Haare waren inzwischen grau. Und doch, mit etwas Mühe konnte man ihn erkennen.

»Halt!«, polterte er ihm wie Donnergrollen entgegen. »Was wollen Sie hier, Herr Keil?«

Überrascht blieb Keil tatsächlich stehen.

»Sie?«

»Natürlich. Mordkommission, Sie erinnern sich?«

»Wie konnte das Schwein hier einziehen? Hier leben, wo wir ihn jeden Tag beim Einkaufen treffen können? Wie konnten Sie das zulassen? Er hat es gewagt, die Hinterbliebenen seines Opfers zu verhöhnen.«

»Er wollte niemanden verhöhnen. Ihm gehört ein Haus am Fließ. Vergessen Sie nicht, dass er immer seine Unschuld beteuert hat.«

»Unschuld! Er war nie unschuldig. Schon im Kindergarten nicht. Und Sie haben ihn gehen lassen. Für meine Nichte gibt es keine Rückkehr. Er hat ihre gesamte Zukunft ausgelöscht, das Leben ihrer Angehörigen zerstört.«

»Er wurde verurteilt, hat seine Strafe abgesessen. Ich verstehe natürlich, dass es für die Hinterbliebenen nicht einfach ist zu akzeptieren, dass der Mörder eines Tages wieder aus der Haft entlassen wird. Aber Selbstjustiz ist kein gangbarer Weg!« Nachtigall sah auf den Onkel hinunter. »Wo ich Sie gerade treffe: Was haben Sie gestern Abend gemacht? Wo haben Sie die Nacht und den Morgen des heutigen Tages verbracht?«

Keil schnappte empört nach Luft.

»Sie wagen es, mir einen Mord zu unterstellen? Ich mache mir doch keinen Strich durch meine Pläne, indem ich solch ein Subjekt auch nur anfasse!«

»Immerhin haben Sie in der letzten Zeit ordentlich

Stimmung gegen Herrn Schober gemacht«, hielt der Ermittler dagegen.

»Und? Außerdem, was soll das heißen, Herrn Schober? Der war kein Herr mehr – nur noch eine unerwünschte Lebensform!«

»Herr Keil!«, schnaubte der Hauptkommissar.

»Wollen Sie wohl stehen bleiben? Halt! Ja sind wir denn hier auf dem Jahrmarkt!«, hörten sie den Beamten laut rufen, und die beiden Männer wandten sich um.

»Das ist ein Tatort! Kein Aussichtspunkt!«, brüllte der Uniformierte und bemühte sich, eine Frau einzuholen, die unter der Absperrung durchgetaucht war. »Nu isses aber jut!«

»Magnus! Magnus! Stimmt es?«, schrillte die Stimme der Frau zu den beiden hinüber. »Jemand hat das Schwein umgebracht?«

Der Beamte erreichte kurz nach Frau Keil die Gruppe, stützte sich keuchend auf den Knien ab, versuchte, genug Atem zum Poltern zusammen zu bekommen. »Machen Sie … dass Sie … wieder auf die Straße … kommen … sonst lass … ich Sie … aufs Revier bringen!«, drohte er wenig beeindruckend.

»Magnus! Hast du das gehört? Die wollen mir nicht erlauben, den Mörder meiner Nichte zu sehen. Ich will aber sicher sein, dass dieser miese Dreckskerl tot ist! Ich muss sicher sein!«

Nachtigall packte die Frau am Oberarm, zog sie von ihrem Gatten fort, reichte sie an den noch immer röchelnden Beamten weiter. »Wir reden gleich noch miteinander. Jetzt begleiten Sie den Beamten zur Straße zurück. Was fällt Ihnen ein?«, meinte er und bekämpfte seinen intensiven Widerwillen gegen dieses Ehepaar. »Sie haben hier nichts verloren, behindern die polizeiliche Ermittlung!«

Zornbebend trat er nah an Keil heran. »Sie gehen jetzt besser ebenfalls. Und mein Kollege wird Sie begleiten, damit Sie ihm die Antworten auf meine Fragen geben können. Wo waren Sie, was haben Sie getan, wer kann es bezeugen?«, zischte er dem Mann zu, winkte Michael Wiener herbei und überließ es ihm, die Antworten zu notieren.

Als Wiener später ins Büro kam, sah Nachtigall sofort, dass er keine guten Nachrichten haben würde.

»Er hat ein Alibi. Ich habe das auch schon nachgeprüft – mindestens zehn Leute haben ihn den ganzen Abend gesehen. Erst am frühen Nachmittag eine Kahntour nach Lehde [10], quasi zur Einstimmung ein bisschen Bildung, dann war er mit dieser Gruppe von Freunden in den Spreewelten [11], danach in der Altstadt [12] die Vaterschaft eines der Männer feiern. Kneipentour mit Stadtführung. Die Fachwerkhäuser [13] wurden bewundert, grölend zog die Gruppe um die Nikolaikirche [14], johlte an der Postmeilensäule [15]. Große Tour. Sehr feucht und sehr fröhlich. Zwei haben ihn nach Hause begleitet und danach hat seine Frau bestätigt, habe er die ganze Nacht neben ihr geschnarcht. Aber dieser Zeitpunkt liegt möglicherweise nicht mehr im Zeitfenster für die Tat.« Er seufzte, warf sich in seinen Stuhl. »Mist!«

»Nun, seine Frau ist selbst verdächtig. Da nützt ihm die Aussage nichts. Und die anderen, die halten vielleicht auch nur zusammen. Alle hat es gestört, dass Schober zurückkam.«

»Du meinst, sie haben ihn gemeinschaftlich um die Ecke gebracht und geben sich gegenseitig … Mann! Aber möglich wär's schon.«

»Stell dir mal vor, er hat wirklich unschuldig gesessen. Dann haben die Dörfler den Falschen getötet, und das wäre dem wahren Täter sehr recht. Also sollten wir herausfinden, wer das Treffen an jenem Abend organisiert hat – und vor allem, ob es kurzfristig anberaumt wurde. Dazu befragen wir am besten die Ehefrauen.«

»Jetzt gleich? Ich müsste mir mal schnell ein Brötchen holen. Ohne Frühstück aus dem Haus, und nun ist es ja schon Nachmittag.«

»Die Befragung übernehmen die Kollegen in Lübbenau. Bring mir bitte auch eins mit. Käse. Ich ruf die Kollegen an, und wir beide fahren nach Dissenchen.«

»Warum?«

»Ich will wissen, mit wem er während der Haft Kontakt hatte. Vielleicht hat er jemandem Einzelheiten erzählt.«

»In fünf Minuten am Auto!« Wiener war schon aus dem Zimmer, bevor Nachtigall den Hörer abgenommen hatte.

»Na, der Schober war einer von den Ruhigen. Gab eigentlich nie Ärger mit ihm. Da haben wir hier ganz andere Kaliber, kann ich Ihnen sagen.« Ferdinand Krause kratzte sich am Kopf. »Er hat ganz schön einstecken müssen. Aber ist kein Wunder, Kinderschänder mag man hier drin nicht.«

»Hatte er denn jemanden, mit dem er sich unterhalten konnte? In all den Jahren wird doch eine Art Freundschaft mit dem einen oder anderen ...«

Krauses Miene wurde nachdenklich. Er atmete schwer.

»Nun, ja. Mit dem Karl vielleicht. Aber ganz ehrlich – Freundschaft kann man das nicht nennen.«

»Keine Besuche, keine Gespräche mit den anderen Häftlingen. Er muss sehr einsam gewesen sein«, meinte Nachtigall betroffen.

»Ja. Ganz sicher. Das wurde erst in den letzten beiden Jahren besser. Da kam diese junge Frau regelmäßig zu Besuch. Hat ihm gutgetan. Er hat immer gesagt, dass er die Kleine nicht umgebracht hat. Er sei unschuldig. Aber das sagt hier so gut wie jeder. Aber manchmal, wenn ich ihn da so habe sitzen sehen – wissen Sie, da habe sogar ich an einen Justizirrtum geglaubt. In dem Schober hat nie was gebrodelt oder gar gekocht – der hat freundlich reagiert, nie aufbrausend.«

»Wissen Sie den Namen der jungen Besucherin?«

»Nee. Aber das ist leicht zu klären.«

»Josefine Hagel. Arbeitet im Restaurant des Schlosses Lübbenau 16. Hm«, grunzte Nachtigall unwillig und starrte den Zettel an, auf dem die junge Frau Namen und Adresse eingetragen hatte. »Die Schrift ist kindlich. Na, dann lass uns mal hinfahren.«

Eine junge Frau, schüchtern und beinahe ängstlich, öffnete auf ihr Klingeln.

Sie führte die ungebetenen Besucher ins Wohnzimmer.

»Markus hatte mir gesagt, dass Sie zu mir kommen würden.« Sie fuhr mit dem Handrücken über ihre geröteten Augen. »Sollte ihm etwas zustoßen.«

»So?«

»Nun, er ging davon aus, dass Sie in der JVA nachfragen würden und man Ihnen dort meine Adresse geben würde. So ist es wohl auch gekommen.«

»Sie kannten ihn von früher?«

»Nicht direkt. Mädchen in meinem Alter interessierten ihn nicht. Er stand auf rassige Frauen mit weiblichen Kurven. Aber mir hatte er schon immer imponiert. Einer, der sich was traut, der frech ist und nicht kuscht. Als er verurteilt wurde, meldete ich mich bei einem Verein, der Gefangene betreut. Ich sorgte dafür, dass ich ihn zugeteilt bekam und begann damit, ihm Briefe zu schreiben. So funktioniert das bei uns.«

»Er war froh, Kontakt nach draußen zu haben?«

»Klar. Das geht den meisten so. Besonders mit diesem Urteil. Mit denen will im Knast niemand was zu tun haben. Die sind die ganze Zeit über auf der Hut, passen auf, dass sie nicht totgeschlagen werden.«

»Hat Markus Schober Ihnen das erzählt?«

»Geschrieben.« Sie stand auf und zog eine Schublade auf. Legte ein Päckchen Briefe vor Nachtigall auf den Tisch, das von einem roten Band zusammengehalten wurde.

»Alle sind voll davon. Mal hatte er einen gebrochenen Arm, mal eine Stichwunde in der Lende, mal ein vollkommen zerschlagenes Gesicht. Als ihm jemand fast den Schädel eingeschlagen hatte, lag er für einige Wochen im Krankenhaus. Niemals wurden Ermittlungen aufgenommen. Er sei ungeschickt gefallen, hieß es im Bericht.« Tränen liefen über ihre Wange. Sie wischte sie wütend weg. »Es war allen gleichgültig, was mit ihm geschah.«

»Sie haben mit ihm über den Mord an Jasmin gesprochen?«

»Natürlich. Ich habe ihn dazu gedrängt. Es gab ja keinen, der ihm zuhören wollte. Kinderschänder haben keine Rechte.«

»Und?«, Nachtigall betrachtete mit Unbehagen den Stapel Post auf dem Tisch. Hatte er damals etwas übersehen?

»Er beteuerte, mit dem Tod des Mädchens nichts zu tun zu haben. Geglaubt hat man ihm nie. Ich schon. Er ist kein Mörder!« Sie schluchzte. »War!«

»Wenn er es tatsächlich nicht war, dann läuft der Mörder frei herum.«

»Markus wusste, wer es war. Er konnte aber nicht darüber sprechen.«

»Auch Ihnen gegenüber nicht? Sie haben ihn doch sogar besucht. Hat er sich da nicht geöffnet?«

»Nein. Eine Familienangelegenheit, mehr war nicht rauszukriegen. Nehmen Sie die Briefe mit. Dort steht alles drin, was er dazu zu sagen bereit war.«

»Eine Familienangelegenheit«, murrte Nachtigall, als er im Büro mit Michael Wiener zusammentraf. »Fragt sich, in welcher Familie wir suchen sollen. In der des Opfers oder der des verurteilten Täters!«

»Beleuchten wir beide. Ich denke, über die Familie des Opfers gibt es umfangreiche Rechercheergebnisse. Stöbern wir also in den Akten. Vielleicht tun sich Fragen auf, wenn wir mit neuem Blickwinkel an den Mord herangehen. Wenn Markus Schober unschuldig war, wer rückt dann näher in den Fokus?«

»Interessant ist doch: Wen hat er all die Jahre gedeckt? Wenn er wusste, wer Jasmin damals getötet hat, warum nahm er die Strafe auf sich, ließ sich fast zu Tode prügeln. Warum?« Nachtigall legte den letzten Brief der Sammlung zur Seite. »Er musste in jedem Augenblick befürchten, angegriffen zu werden. Er wurde ständig bedroht – und von den Beamten erwartete er keine Unterstützung. Warum?«

»Eine alte Schuld?«, mutmaßte Wiener. »Wir haben doch von den Kinderstreichen gehört. Vielleicht waren die gar nicht so harmlos, wie das Wort vermuten lässt.«

»Gut, forschen wir in dem Bereich nach.«

Keil sah aus, als wolle er die beiden Beamten mit einer Peitsche vom Hof jagen.

»Sie?«, bebte er zornig. »Was wollen Sie noch?«

Nachtigall nickte dem Mann freundlich zu. »Ich bin wegen der Andeutung hier, die Sie vorhin gemacht haben. Sie sagten, Markus Schober sei schon als Kind nicht unschuldig gewesen.«

»Und?«

»Was soll das bedeuten?«

»Er hat bei seinen Streichen gelegentlich übertrieben. Oder andere zu leichtfertigem Handeln verführt.« Er trat zur Seite, erlaubte den Beamten einzutreten. Schloss die Haustür hinter ihnen.

»Er war wild, rüpelhaft, handelte unüberlegt, ging jedes Risiko ein. In der Schule war er deshalb ein Außenseiter. Er war keiner von uns. Die meisten hielten sich von ihm fern.« Der Hausherr führte Nachtigall ins Wohnzimmer.

»Ist denn je etwas Dramatisches passiert?«

»Ach, eigentlich haben sich ständig Eltern beschwert. Er war Dauergast beim Schuldirektor. Genutzt hat es nichts.«

»In seiner Akte steht aber kein Vermerk über eine Unterbringung im Jugendwerkhof. So schlimm war es wohl nicht«, wandte Nachtigall ein.

»Nun, bei jedem Mal haben wir gehofft, jetzt wäre es endlich genug und man würde ihn wegsperren. Aber tatsächlich muss es irgendwo jemanden gegeben haben, der schützend seine Hand über ihn hielt. Andere verschwanden schon für weniger hinter dicken Mauern. Es war, als habe er eine Art Freibrief.«

»Auch von einer schützenden Hand …«

»Ja, ja – steht nichts in den Akten! Sie wissen doch genau, wie das funktioniert. Und heute würde ihm gar nichts mehr drohen. Bestenfalls ein Rezept für schicke Pillen. Asperger-Syndrom – oder überhaupt Autismus. Und wenn das nicht passt, nehmen wir eben eine andere Diagnose. ADHS? Der wäre heute wie damals nicht zu packen!« Zorn blitzte aus den Augen Keils. All die ungerechterweise ausgebliebenen Bestrafungen ließen ihn noch immer lodern. »Vielleicht könnte Jasmin noch leben, wenn rechtzeitig jemand Grenzen gesetzt hätte! Aber so? Der musste glauben, dass ihm alles erlaubt ist!«

»Sie meinen, er sei ein Fall für die Erziehungshilfe gewesen? Oder dachten Sie an eine Therapie beim Jugendpsychologen?«

»Jugendpsychologen? So was gab es hier nicht – nur in der Stadt. Irgendeiner aus der Parallelklasse ging da hin. Hat wohl geholfen, sonst wüsste ich noch, wer das war.«

Wer hatte davon gesprochen, dass er früher einen Therapeuten hatte?, überlegte Nachtigall fieberhaft. Er fürchtete, er müsse sich nun auch solch ein diskret schwarzes Notizbuch zulegen, wie Michael eines hatte, so ein Ding für Menschen mit nachlassender Gedächtnisleistung – da fiel es ihm wieder ein.

Überstürzt verabschiedete er sich von Keil und rannte zum Wagen zurück.

»Herr Schopf, ich hätte noch ein paar Fragen«,

erklärte Nachtigall dem Zeugen, der die Leiche am frühen Morgen gefunden hatte.

»Na, dann kommen Sie rein«, antwortete der magere Mann mit leiser Stimme, führte den Beamten in die Küche. »Tee?«

»Danke, das wäre nett.« Während Schopf mit dem Teekocher hantierte, beobachtete Nachtigall ihn interessiert. »Sie kannten Herrn Schober schon seit der Grundschule.«

»Ja. Er war in einer Parallelklasse. Ich weiß noch, dass ich ihn immer beneidet habe, dass er bei Fräulein Schöpflin sein durfte, wir hatten Herrn Wellinger, der war so furchtbar streng. Fräulein – das sagt heute auch keiner mehr. Damals wurde man noch zurechtgewiesen, wenn man Frau sagte.«

»Bei uns in der Nachbarschaft wohnte eine sehr alte Dame. Die konnte zornig werden, wenn man sie nicht mit Fräulein ansprach. Wir haben uns immer sehr darüber amüsiert.«

»Drei Fräulein Schiller in einer Wohnung. Großmutter, Mutter und Enkeltochter. Na, da haben sich die Klatschweiber die Mäuler zerrissen.« Schopf grinste breit. Stellte zwei Teetassen auf den Tisch und angelte nach der Zuckerdose.

»Sie waren in Therapie?«

»Ja. Meine Eltern und der Lehrer wollten es so.« Er seufzte schwer. »Aber gebracht hat es nichts.«

»Was war passiert?« Nachtigall blies über die heiße Flüssigkeit.

»Wir waren Schlittschuh laufen auf dem Fließ. War keine gute Idee – das Eis war nicht richtig tragfähig. Meine Schwester brach ein. Sie musste ins Krankenhaus nach Berlin. Es war Markus' Schuld. Er hatte uns überredet.«

»Und?«

»Ich habe ihn verprügelt. Er hat sich nicht einmal groß gewehrt. Er war selbst schuld. Jeder andere wäre mir aus dem Weg gegangen, meine finstere Miene war abschreckend genug. Aber Markus nicht. Der hat die Wut in meinem Gesicht nicht einmal bemerkt.«

»Es gab noch mehr Vorfälle, nicht wahr?«

»Alles war seine Schuld. Was musste er auch immer um mich rumschleichen! Ich glaube, er hat meinem Klassenlehrer von den toten Katzenbabys erzählt. Danach begann die Therapie.«

»Sie haben die Kätzchen getötet – aber ganz langsam, oder?«

»Ich wollte sehen, ob sie Angst vor mir haben, wenn ich ihnen ein bisschen wehtue.«

»Und Jasmin?«

Schopf starrte in seine Teetasse, rührte gedankenverloren darin um.

»Das war viel später«, murmelte er dann.

»Markus hat gewusst, dass Sie das Mädchen getötet haben.« Nachtigall, dem bewusst war, dass er ein ziemliches Risiko eingegangen war, allein hierher zu kommen, tastete sich unbeirrt zum Kern der Befragung vor.

»Der Idiot! Er war selbst schuld. Was musste er auch am Fließ vorbeikommen, wo ich …«

»Und dann?«

»Der Blödmann dachte, man könne die Kleine noch retten. Später fand die Polizei Haare von ihm an der Kleidung, und es gab einen Indizienprozess. Ich war nicht im Kreis der Verdächtigen.«

»Warum hat er Sie nicht verraten?«

»Er wollte, dass ich selbst gestehe. Deshalb musste er jetzt weg!«

Nachtigall starrte sein Gegenüber an.

»Na, nun gucken Sie nicht so! Am Ende hat er es ja verstanden. Er war schuld. Als ihm das aufging, wurde er ganz grün im Gesicht. Er hat mir gesagt, wenn ich den Mord an Jasmin nicht gestehe, wird er den wahren Täter benennen.« Er lachte verhalten. »Der hat sich manchmal so bescheuert ausgedrückt. Aber das Beste war, dass er meinte, ich bräuchte Hilfe! Dabei konnte ich doch den Mord an Jasmin nicht zugeben! Verstehen Sie, dann wären doch all die anderen auch rausgekommen.«

»Die anderen?«, wiederholte Nachtigall und hörte sich keuchen.

»Nun, viel Zeit ist seit damals vergangen, nicht wahr? Viele Jahre. Sehen Sie, ich reise gern. Da trifft man immer wieder nette Leute. Gerade bei Singletouren. Manche kehren nie zurück.«

FREIZEITTIPPS:

6 Leipe: Leipe liegt auf einer 800 Meter langen Sandbank mitten im Spreewald und ist vollständig von Wasserläufen der Spree umgeben. Startpunkt für Kahn- und Radtouren.

7 Bootsverleih: Überall im Spreewald werden Boote zum Ausleihen angeboten. Je nach Können des Kunden und nach Tourlänge wird man ein sportliches Kanu oder ein Wanderboot wählen. Je nach Länge der geplanten Tour berechnet sich der Preis für die Ausleihe.

8 Wasserwanderwege: Der Spreewald ist von ausgewiesenen Wasserwanderwegen durchzogen, die zum Beispiel an besonders idyllischen Plätzen vorbeiführen.

9 Jagdschloss und Frühgeschichtliche Anlage bei Groß Beuchow: Ursprüngliches Gutshaus erstmals 1346 erwähnt, auf den Grundmauern errichtete die Familie des Grafen zu Lynar 1746/47 ein Fachwerkgebäude als Jagdschloss, mit seitlichen Flügeln. Nach 1980 wurde es restauriert. Die in einem der Seitenflügel untergebrachte Kapelle wurde im 17. Jhd. in Stallungen umgebaut.

10 Freilichtmuseum Lehde: ältestes Freilandmuseum Brandenburgs. Drei altwendische Bauerhöfe, die man aus dem Spreewald zusammengetragen hat. Sie beherbergen die älteste Kahnbauerei aus dem Jahr 1884, eine Ausstellung historischer Trachten, eine Töpferei und eine Blaudruckwerkstatt. Bauerngarten sowie ein Garten mit Heil- und Färberpflanzen. Gurkenmuseum (einziges Gurkenmuseum Deutschlands) auf der Hotelanlage Starick , Wissenswertes über die Tradition des Gurkenanbaus und der Gurkenverarbeitung.

11 Spreewelten-Bad: Freizeitbad Baden mit Pinguinen, durch eine Glasscheibe getrennt Kontakt zu den munteren Tieren aufnehmen, eine Attraktion in man in ganz Europa nur hier findet Restaurant, 14 Themensaunen.

12 Stadt Lübbenau, niedersorbisch: Lubnjow/Błota, erstmal 1315 erwähnt, doch Funde aus dem 8.und9. Jhd. legen nahe, dass der Ort wesentlich älter ist. Die Stadt darf den Zusatz »staatlich anerkannter Erholungsort« führen und gehört zum Landkreis Oberspreewald-Lausitz.

13 Zweigeschossige Bürgerhäuser um den Marktplatz und im Schlossbezirk aus dem 18. Jhd.

14 Nikolaikirche: Auf den Grundmauern der älteren Ursprungskirche wurde 1657-1660 der Turm der Nikolaikirche errichtet, Das Fundament des 1738-41 erbauten Kirchenschiffs ruht auf Erlenstämmen.

15 Postmeilensäule: Etwa 1740 errichtete Säule mit Entfernungsangaben zu Orten innerhalb des damaligen Kurfürstentums, steht heute wieder am ursprünglichen Standort an der Einmündung der Töpferstraße in der Nähe der alten Schmiede.

16 Schloss Lübbenau, heute Hotel und Restaurant, liegt in einem Schlosspark (ursprünglich im englischen Stil angelegt) zu dem auch eine Orangerie gehört. Nach der Wende wurde der vom Naziregime enteignete Besitz wieder an die Familie Lynar rücküberführt, die das Anwesen zu einem vier Sterne Hotel aus- und umbaute.

TOD AM INSELTEICH

»Alles zu Ihrer Zufriedenheit?«, erkundigte sich der junge Mann an der Rezeption freundlich.

Beate zwickte ihre Freundin leicht in den Hintern, was der Angestellte zum Glück nicht sehen konnte. Johanna unterdrückte ein Kichern. Ja, sie fand den Typen auch ein wenig schleimig, bestätigte sie in Gedanken Beates Reaktion, aber das gehörte vielleicht zur Stellenbeschreibung. Niedlich war er allemal. Und er hatte einen knackigen Po, trainierte Arme – sie seufzte unterdrückt. Zu jung, war er natürlich auch.

»Danke! Alles in Ordnung. Gestern waren wir im Wildpark 17. So nah bin ich noch nie an einem echten Wolf dran gewesen! Wir haben die Gurkenfabrik 18 und die Kahnschleuse 19 angesehen. Morgen machen wir einen Ausflug ins Urstromtal 20, das hat uns ein Bekannter geraten. Aber heute bleiben wir hier«, lächelte die große, dunkelhaarige Frau und fragte: »Wir möchten gern um den Großen Inselteich herum laufen. Wie kommen wir dort am besten hin?«

Nicht, dass der Ort etwa groß gewesen wäre. Die Wegweiser hatten sie längst entdeckt und den Weg auch ohne die Hilfe des Beaus gefunden – aber Johanna wollte gern noch einmal seine angenehme Stimme hören und ihm das Gefühl geben, seine Dienste würden gebraucht. Innerlich grinste sie über sich selbst.

»Oh, das ist leicht zu finden. Am besten überqueren Sie gleich vor der Haustür die Straße, wenden sich nach links«, er gestikulierte raumgreifend, »und biegen an der übernächsten Kreuzung rechts ab. Dort ist der Inselteich schon ausgeschildert. Sie folgen der Straße …« Johanna hörte schon nicht mehr hin. Was für schöne Hände er hat, dachte sie abgelenkt, zart, fein. Damit konnte er bestimmt wunderbar streicheln.

Beate schien ihre Gedankengänge zu erraten. Sie hakte sich entschlossen bei ihr unter, nickte dem Angestellten zum Abschied zu und schob sie zur Tür hinaus. »Komm. Ich glaube, wir brauchen erst mal eine Stärkung. Wir gehen in den Landgasthof 21, ist nur ein paar Schritte entfernt.«

»Ah, ist das schön hier!«, seufzte Johanna verzückt, als sie sich in den bequemen Sessel auf der Terrasse sinken ließ. Ihre Geste umfing den Spreearm und das gesamte Rund. Träge zog das dunkle Wasser vorbei, wand sich in einer Kehre um 90 Grad, verschwand nach einer weiteren Kehre im dichten Schilf. Die saftigen Wiesen davor luden zum Picknick ein. Eine Familie spielte dort mit einem patschpfötigen Welpen, der pure Lebensfreude ausstrahlte.

»Idyllisch«, bestätigte Beate, schob ihre kupferroten Haare hinter die Ohren zurück und studierte die Speisekarte. »Was möchtest du essen?« Sie musterte die Freundin kritisch. »Und spar nicht wieder an den Kalorien. Wir möchten um den See rumlaufen. Nicht, dass du am Ende schlappmachst.« Sie feixte.

»Ich habe noch nie schlappgemacht!«, empörte sich die Freundin und entschied sich für einen Salat.

»Ich brauche ein bisschen was Fleischiges! Schließlich wurde ich als Mensch geboren und nicht als Kuh.« Sie sah an sich hinunter und ergänzte lachend: »Obwohl sich meine Figur irgendwie schon in diese Richtung entwickelt. Aber mal ganz ehrlich, es ist gut, sich nicht mehr in enge Hosen quetschen zu müssen, um irgendeinen Mann zu beeindrucken. Ich glaube, aus dem Alter bin ich endgültig raus.«

Die beiden seufzten synchron, während sie das Paar mit dem Fellbündel beobachteten. Der Mann hatte seinen Arm um die Taille seiner Begleiterin gelegt, flüsterte ihr etwas – sicher Liebevolles – ins Ohr, bevor sie gemeinsam dem Hundling nachsetzten, der über seine eigenen Pfoten stolpernd Purzelbäume schlug.

»Ich verstehe nicht, warum uns das nie gelungen ist«, nörgelte Johanna, die insgeheim die Hoffnung auf eine glückliche Partnerschaft nicht aufgegeben hatte. »Sieht doch aus, als wäre es kinderleicht, eine gute Beziehung zu führen!«

Beate, die ihrer Freundin hätte erklären können, woran es lag, dass bei ihnen beiden eine funktionierende Partnerschaft nie realisierbar würde, hielt es nach kurzem Besinnen für besser, keinen Kommentar über zwei Zicken abzugeben, die sich schon immer selbst genug waren. Sie beschränkte sich auf ein weises Lächeln.

»Wenn du das Glück dort nicht länger sehen willst, wirf mal einen Blick an den Nachbartisch. Die beiden haben die ganze Zeit über noch nicht ein Wort gewechselt. Das ist wie eine Ehe mit einer Schnappschildkröte – man schweigt und beißt dennoch.«

Flüchtig wehte Johannas Blick über das Pärchen. Gut, dachte sie, das ist auch keine Lösung. Dann schon lieber mit Beate an wunderbaren Orten wie diesem urlauben!

»Ich möchte nachher bei der Schnapsbrennerei 22 vorbeigehen. Eine Flasche aus dem Spreewald fehlt noch in meinem Regal. Und Whiskey stellen die auch her! Mal probieren.«

»Gute Idee. Ich nehme uns ein paar Schokospreewaldgürkchen aus dem schicken Spreewaldladen 23 mit, Spreewaldgurken haben wir gestern eingekauft. Die Schokovariante ist als Proviant für die Wanderungen perfekt. Nur Flüssignahrung bekommt uns wahrscheinlich bei diesem traumhaften Wetter nicht.«

»›Urlauberinnen als Schnapsleichen!‹, ›Das Geheimnis des Inselteichs!‹ – Tolle Schlagzeilen in der lokalen Presse«, lachte Johanna entspannt. »Wenn du die Schokogurken als Wegzehrung haben möchtest, gehen wir besser zweimal bei dem Laden vorbei. Ich trage doch nicht zwei Flaschen Hochprozentigen um den See rum!«

»Ach, und ich dachte, du wolltest den Trainingseffekt erhöhen!«, zog Beate die andere auf. »Das Bauernmuseum fehlt uns nämlich auch noch!«

Wenig später hatten sie ein Glas mit Schokoladengurken erstanden, die fast wie echte Cornichons aussahen. Danach folgten sie den Wegweisern, die sie zum See leiten würden. Links und rechts des Weges konnte man Kanus für Touren buchen [24]. Beate wies auf ihre ausladenden Hüften, grinste und meinte, sie passe durch das enge Loch nicht in solch ein wackliges Ding, während ihre Freundin tröstete, das Fett würde sich als Ballast wunderbar gleichmäßig verteilen, es könne gar nichts passieren. So beschlossen sie, die Tour für einen der kommenden Tage zu planen.

»Das Bauermuseum [25] haben wir, wie gesagt, auch noch nicht gesehen. Außerdem dachte ich schon, dass wir uns wenigstens einen Tag in Tropical Island [26] gönnen. Sonne, Strand, Meer, Musik.«

»Und viele Menschen! Dir ist es hier schon wieder zu einsam. Am zweiten Tag!«

»Danach schieben wir einen Naturtag ein, einverstanden? Hier gibt es einen Naturlehrpfad [27], der soll sehr schön angelegt sein. Mit Beobachtungspunkten. Und am letzten Tag machen wir eine von diesen Kahnfahrten durch die Stadt [28]. Ist ein bisschen wie Venedig. Na?«

»In Ordnung«, lachte die Freundin und blieb plötzlich stehen.

Im Café am Rand des Wegs war viel Betrieb. Der Garten voller Menschen.

»Guck mal!« Beate zeigte diskret auf eine Gruppe. »Die haben dem Kater Bier in den Napf gekippt, und nun sieh dir an, wie ihm das schmeckt.«

»So, jetzt weißt du, was deinem Schnurrer zu seinem Glück noch fehlt! Der hofft schon seit Jahren auf sein Abendbier, und du verstehst immer nur Hunger! Nein, Durscht hat er.«

»Klar und am nächsten Morgen wacht der Kater mit einem Kater auf. Ne, Dankeschön!«

Der See bot einen verheißungsvollen Anblick.

»Stimmt das? Nur etwa fünf Kilometer rundrum? Kommt mir riesig vor, das Wasser.«

»Wird schon stimmen«, meinte Johanna, klang aber unsicher. »Na, verlaufen können wir uns jedenfalls nicht.«

Beate schritt kräftig aus. Ihre rote Mähne leuchtete in der Sonne.

Johanna, schlanker, aber untrainiert, schnaufte neben ihr her.

»Ich hätte gar nicht gedacht, ein so schönes Hotel vorzufinden. Der ganze Ort ist einfach zauberhaft!«

Beate sah zur Seite, damit die Freundin nicht sehen konnte, wie sie genervt die Augen verdrehte. Zauberhaft – ein Johannalieblingswort!

»Du meinst wegen der eher mäßigen bis miserablen Kritiken für Service und Küche? Ach, naja. Das bestätigt nur, was ohnehin jeder weiß: Auf Bewertungen im Internet kann man nichts geben. Sind viel zu viele gefaket. Die liebe Konkurrenz eben.«

»So etwas ist boshaft!«, schimpfte Johanna.

»Wenn alle wissen, dass hier gelogen wird, dann lesen die Leute die Texte nur zur Belustigung.«

»Ach, ich weiß nicht. Ich denke, das ist kein netter Witz.«

Schweigend gingen sie weiter, beobachteten den Schwan, der wie bestellt durch das Wasser glitt. Von der Sonne beschienen, reinweiß.

Leise erkundigte sich Beate: »Was macht eigentlich die Liebe? Was ist aus dem schönen Tobias geworden?«

Johanna zuckte mit den Schultern. »Der schöne Tobias hatte ein sehr großes Herz, in dem jede, die wollte, ein Plätzchen finden konnte. Seit ich das weiß, lebt er wieder als Single und geht auf die Jagd.«

»Hm.«

»Ist doch schade, dass die Camper überall ihren Müll zurücklassen«, wechselte Johanna übergangslos das Thema.

Beate klimperte mit den Lidern. Das ging ihr zu schnell. »Wie kommst du von der Liebe zum Müll?«

»Keine Ahnung. Vielleicht wegen des Geruchs hier«, antwortete die andere ratlos und sah sich um. »Ist eigentlich keiner von den ›Isomattenfreiluftübernachtern‹ zu sehen.«

»Dort hinten ist ein Zelt.« Die Rothaarige wies auf einen blauen Fleck im Grün.

Zorniges Knurren aus dem Dickicht neben ihnen.

»Was war das?«, flüsterte Beate.

Die Spaziergängerinnen warfen sich nervöse Blicke zu.

Johanna schwang sich auf die Zehenspitzen. »Hund!« Eine knappe Antwort. Sie stierte weiter auf einen sich bewegenden Busch. Der ganze Körper angespannt. »Zwei!«

Beate, die vor Hunden weniger Angst als vor Menschen hatte, trat entschlossen einen Schritt näher heran. Doch die beiden Tiere waren viel zu sehr beschäftigt, das überhaupt zu bemerken. Die beiden struppigen Widersacher grollten sich gegenseitig an, ein jeder verbissen genug, das zu verteidigen, was ihm wichtig war. Die Beobachterin konnte ein Schmunzeln nicht verbergen, hoffte aber, die beiden Streiter würden es nicht bemerken.

»Na«, mischte sie sich in den Disput der beiden ein, »um was geht es denn hier?«

Die Antwort auf diese Frage führte unmittelbar zu heftigem Erbrechen bei Beate.

»Was ist denn nun los? War dein Fleisch nicht in Ordnung?« Johanna sah verblüfft von der Freundin zu den beiden Hunden, die eilig davonstoben.

»Komm nicht her! Sieh nicht hin!«, keuchte Beate.

»Ach, was!« Johanna wappnete sich. Dachte an einen Katzenkadaver, aufgerissen und teilweise ausgeweidet, angefressen. Doch was dort im Busch lag, stammte nicht von einer Katze.

»Ein Fuß! Mit rot lackierten Zehennägeln. Also am ehesten weiblich, würde ich sagen. Von einer freiwilligen Spende als Hundefutter sollten wir nicht ausgehen.«

Beate zerrte hektisch am Verschluss der Mineralwasserflasche, nahm einen kräftigen Schluck, spülte sich den Mund aus. »Wie kannst du bei dem Anblick so ruhig bleiben?«

»Kann ich nicht sagen. Geht mir manchmal so. Andere kreischen, werden hektisch – mich hebt alles nicht an. Seelenschutzschild. Ich werde mal im Zelt nachsehen, ob da eine verletzte Frau liegt.« Sie stapfte los.

Versuchte den Brennnesseln auszuweichen. Fluchte laut, wenn es nicht gelang.

Beate sah der Freundin erstaunt nach.

Johanna beugte sich über das winzige Igluzelt. »Hallo?« Dann richtete sie sich ruckartig auf, fingerte an ihrer Gesäßtasche und zog mit bebenden Fingern ihr Handy heraus. »Polizei? Wir haben hier eine Leiche gefunden …«

Hauptkommissar Peter Nachtigall, den Hausner, der Polizist vor Ort verständigt hatte, als klar war, dass die Tote aus Cottbus stammte, schien eine beruhigende Wirkung auf die Touristinnen zu haben. Selbst die Rothaarige hatte aufgehört zu schluchzen. Lukas Hausner erklärte sich das mit der schieren Größe des Mannes. Der musste an die zwei Meter messen. Das vermittelte offensichtlich ein Gefühl der Sicherheit, das seine 1,75 Meter nicht schaffen konnten.

Geordnet berichteten die Freundinnen dem Hauptkommissar, wie sie den Fund gemacht hatten.

»Nein. Ich habe nichts angefasst. Dass diese Frau tot war, konnte jeder erkennen.«

»An den Tagen zuvor ist Ihnen die Frau nicht begegnet?«

»Nein, wir sind erst seit zwei Tagen hier.«

Nachdem der schwere Mann sich die Namen, Heim-

und Urlaubsanschrift der Freundinnen notiert hatte, waren die beiden entlassen.

Lust ihre Wanderung fortzusetzen, hatten sie nun allerdings nicht mehr.

»Komm, wir gehen in die Brennerei zurück und stärken unsere Nerven.« Johanna zog Beate mit sich, weg von diesem schrecklichen Ort.

»Wenn Sie dort vorne auf dem Parkplatz auf uns warten, bringen wir Sie gern in Ihr Hotel zurück«, bot Nachtigalls Kollege Michael Wiener an. Die beiden nickten dankbar. Mit weichen Knien lief es sich nicht so gut.

»Ausweis hatte sie offensichtlich bei sich, sonst hätten Sie uns nicht so schnell verständigen können«, wandte sich Nachtigall an den Mitarbeiter der Spurensicherung. »Haben Sie auch ein Handy oder einen Laptop gefunden?«

»Ja. Alles da. Geld auch. Ausgeraubt hat der Täter sie demnach nicht.«

»Die Kollegen vor Ort sind überlastet?«

Der Mann im Schutzanzug zuckte mit den Schultern.

»Nun gut. Wir haben den Rechtsmediziner bereits verständigt. Er wird sicher gleich eintreffen. Aber ob er bei diesem Zustand des Opfers noch Aussagen zur Todesursache machen kann, ist mehr als fraglich. Hoffen wir das Beste.«

Dr. Pankratz, Rechtsmediziner aus Potsdam, konnte.

»Das Genick ist gebrochen. Und die Verletzung auf der Brust spricht dafür, dass hier ein scharfer Gegenstand in den Körper gerammt wurde. Die Kleidung weist Risse in diesem Bereich auf. Alles weitere nach der Obduktion. Kann ich sie mitnehmen?«

Der Tatortfotograf signalisierte, seine Arbeit sei beendet. »Gut. Dann melde ich mich, wenn ich erste Ergebnisse habe.« Damit verschwand der dünne Mann mit der makellosen Glatze.

»Wir bringen unsere Zeuginnen zum Hotel zurück und recherchieren über das Opfer. Sabine Haller. Danach verständigen wir ihre Angehörigen.«

»Sieht ja fast wie Trauerbeflaggung aus«, stellte Nachtigall irritiert fest, als er Beate aus dem Wagen half. An der Tür prangte eine große schwarze Schleife aus glänzender Seide.

»Ist es ja auch. Die Tochter des Hauses ist vor Kurzem gestorben. Hatte ein Café im Ort«, wusste Beate.

»Ist immer irgendwie tragisch, wenn man ein Kind verliert«, steuerte Johanna bei. Zu ihrer Freundin sagte sie: »So, jetzt stärken wir uns und machen dann aus dem Wander- einen Wellnesstag. Komm!«

»Zu Sabine Haller gibt es 175.000 Einträge bei Google!« Michael Wiener war beeindruckt. »Und nicht alle sind freundlich.«

»Den Rest kannst du mir auf dem Weg zur Familie erzählen. Wir fahren direkt vorbei. Liegt fast auf dem Weg ins Büro.«

»Von Schlepzig nach Cottbus fährt man ungefähr

eine Dreiviertelstunde. Warum hat sie in diesem winzigen Zelt übernachtet? Gerade bei ihr überrascht mich das«, überlegte Nachtigall laut.

»Wieso? Denkst du, sie war eher ein Genusstyp? Edle Restaurants, teure Hotels?«, fragte Wiener zurück.

»Nein. Ich wundere mich, weil sie etwa 150 Kilo gewogen haben muss! Da liegt es sich verdammt unbequem auf einer Isomatte!«

Die Eltern wirkten nicht so, als käme der Tod ihrer Tochter für sie völlig unerwartet.

Selbst der jüngere Bruder, der gerade zum Kaffee bei ihnen war, seufzte nur tief und fiel in das weiche Sofa. Beobachtete die Fremden neugierig.

»Wo ist sie denn gestorben?«, wollte die Mutter wissen.

»Am Inselteich in Schlepzig. Sie wurde leblos in ihrem Zelt entdeckt«, milderte Nachtigall die Todesumstände ab.

»In einem Zelt? Niemals! Sabine hasste Campen und alles, was damit zu tun hatte!«, mischte sich der Bruder ein.

»Sie lag in einem Igluzelt, direkt am Ufer.«

»Hören Sie, wenn meine Tochter aufgrund widriger Umstände hätte zelten müssen, dann bestenfalls in einem Luxuszelt mit Betten und royalem Komfort«, erklärte der Vater entschieden. »Haben Sie ein Foto? Vielleicht ist die Tote gar nicht Sabine!« Er reckte dem Hauptkommissar die Hand entgegen. Wiener zog sein

Handy aus der Tasche, rief das Tatortfoto auf und reichte es weiter.

»Sie wurde wohl nicht gleich entdeckt, wie? Gut, das kann man natürlich nicht dem Täter zum Vorwurf machen. Und es wäre – in Relation zur eigentlichen Tat ja auch lächerlich. Aber ganz ohne Zweifel handelt es sich um Sabine.«

Bevor Nachtigall es verhindern konnte, hatte der Vater das Handy schon an seine Frau weitergereicht. Die betrachtete es interessiert und nickte dann. Auch der Bruder war nicht entsetzt. Es hätte Nachtigall nicht im Mindesten überrascht, wenn der junge Mann gefragt hätte, ob er das Bild nicht auf sein Handy geschickt bekommen könnte.

»Wir bräuchten die Namen der Freunde Ihrer Tochter«, erklärte Wiener, der endlich sein Telefon wieder in die Tasche schieben konnte.

»Unsere Tochter hatte keine Freunde.«

»Bekannte, die vielleicht wissen, was sie in Schlepzig vorhatte?«

»Abhängige trifft es besser. Davon gab es eine ganze Menge«, meinte die Mutter grantig.

»Unsere Tochter arbeitete vom Computer aus. Sie besuchte Hotels, Wellnesseinrichtungen. Meistens wurde sie eingeladen. Natürlich hofften die Betreiber, das würde sich positiv auf die Bewertung auswirken.«

»Sie wissen schon, die Bewertungen in Internetportalen. Mit Sternchen oder Ähnlichem. Danach kommt dann ein kurzer Text.«

»Sie hat solche Einrichtungen also bewertet.« Nachtigall überlegte, wie man auf diese Weise genug Geld für den Lebensunterhalt verdienen konnte.

»Genau. Und damit macht man sich natürlich nicht nur Freunde.«

Die Wohnung des Opfers in der Gelsenkirchener Allee in Sachsendorf war schmucklos.

Alles ordentlich aufgeräumt, jeder Gegenstand schien seinen Platz zu haben.

Staub war nicht zu sehen.

»Sie hat vielleicht jemanden, der für sie aufräumt. Hier ist es so sauber, da brauchst du den ganzen Tag zum Putzen und kommst nicht mehr zum Arbeiten«, mutmaßte Wiener.

»Laptop fehlt – aber wir wissen ja, dass sie es im Zelt dabei hatte. Vielleicht ergibt die Auswertung, an welcher Rezension sie gerade gearbeitet hat. Könnte doch sein, dass der betroffene Hotelbetreiber oder Restaurantbesitzer verhindern wollte, dass der Text eingestellt wird.« Nachtigall stöberte in der Schreibtischschublade. »Hier ist nichts zu ersehen. Keine handgeschriebenen Texte. Allerdings jede Menge Prospektmaterial. Das nehmen wir mit und überprüfen, ob sie vor Kurzem in eines der Hotels oder Restaurants eingeladen war.«

»Ich habe die Kontoauszüge gefunden. Die packen wir auch gleich ein.« Wiener nahm mehrere kleine Ordner aus dem Regal.

»Sabine Haller war eine ziemliche Giftspritze«, stellte Wiener wenig später fest, als er das Internet nach ihren Rezensionen durchforstete. »Manche der Kritiken sind richtig bösartig. Persönlich verletzend. Hör mal: ›Der schleimige Koch, der in der Kombüse wie ein Diktator herrscht und so versucht, seinen Mangel an Größe wettzumachen.‹«

»Entscheidet jemand nach solchen Bewertungen? Eher nicht, oder?«, fragte Nachtigall und biss in sein Wurstbrötchen.

»Ich habe für die Urlaubsplanung ein Hotel nachgesehen. Von Katastrophe bis super war alles vertreten. Aber bei einigen Texten konnte man schon das Gefühl haben, dass sie von der Konkurrenz stammen. Von Kakerlaken, die sich im Frühstücksraum tummeln, war zum Beispiel die Rede. Wir haben nicht eine gesehen. Und Marnie findet die Viecher toll, die hat die ganze Zeit Ausschau gehalten. Nix von den Massen, die angeblich zwischen den Speisen unterwegs sein sollten.« Er grinste. »Marnie war direkt ein bisschen enttäuscht.«

»Wir müssen ihre Kontobewegungen checken. Ich will wissen, wie sie ihr Leben finanziert hat.« Nachtigalls Laune wurde zusehends schlechter. »Wovon hat sie wirklich gelebt?«

Das Telefon störte weitere Überlegungen.

»Hier kommt die erste Analyse«, verkündete Dr. Pankratz gut gelaunt. »Erst betäubt, dann erstochen und zum Schluss erwürgt. Der Täter wollte sichergehen, dass sie tot ist.«

»Dann war sie auf keinen Fall ein Zufallsopfer. Der Täter muss das Betäubungsmittel griffbereit gehabt haben.«

»Oder er hat immer welches dabei und wartet auf die passende Frau, um es zur Anwendung zu bringen«, konterte der Rechtsmediziner fröhlich. Bevor er auflegte, versprach er: »Welche Zusammensetzung es genau hatte, sage ich euch morgen. Analyse ist noch nicht ganz abgeschlossen.«

»Hier ist etwas«, Wiener zeigte auf einen der Auszüge. »Ich denke, die Dame werden wir mal besuchen. Sie hat regelmäßig Geld bekommen, das nur über Sabine Hallers Konto lief. Nach Abzug von 30 Prozent der Summe wurde es bereits am nächsten Tag weitergeleitet – jedes Mal.«

»Erpressung?«

»Dann hätten wir zumindest ein gutes Mordmotiv«, stellte Wiener fest.

»Stimmt. Das war mein Honorar«, bestätigte die junge Frau sichtlich irritiert. »Ich habe einen Text verfasst und unter Pseudonym eingestellt, Sabine hat bezahlt.«

»Einen Text? Ich dachte, sie hat ihre Rezensionen allein verfasst.«

»Die auf ihrer eigenen Site schon. Auch die, die unter ihrem Klarnamen nachzulesen sind. Kommentare stammen von den Lesern. Die veröffentlichen in der Regel ihre Texte nicht unter ihrem richtigen Namen.«

Nachtigall runzelte die Stirn. »Einer dieser Leser sind Sie?«

»Ja. Manchmal wollen die Kunden, dass spezielle Dienstleistungen erwähnt werden. Sie verstehen schon? Hostessenservice zum Beispiel in allen Varianten. Das soll aber nicht in die offizielle Bewertung. Also schreibt das ein Leser. Ich zum Beispiel.« Klara Kammer lächelte freundlich.

»Auch herabsetzende Kommentare?«

»Ja, manchmal werde ich auch für solche Dinge bezahlt. Zum Beispiel für das Geschreibe über hygienische Mängel, Mäusekot im Mehl, Käfer und Kakerlaken und dergleichen. Bei Cafés ist das immer toll – oder Konditoreien. Hatte ich gerade erst. In Tourismusgebieten kommt das gut. Spreewald, Schlepzig, selbst Berlin. Wenn man mir ein gutes Honorar anbietet, schreibe ich gern auch eine vernichtende Kritik über das Adlon und das Waldorf Astoria. Da ist nichts dabei, niemand liest das Zeug. Aber wenn jemand dafür bezahlen will, dann wollen wir ihn nicht aufhalten.«

Nachtigall atmete tief durch.

»Es ist mieses Treiben!«, stellte er dann klar. »Rufmord, Verleumdung, Beleidigung.«

»Ach, Sie verstehen das nicht. Geht vielen älteren Leuten so. Es ist ein Spiel, sonst nichts«, schoss sie einen Pfeil ab.

»Mal sehen, ob der Staatsanwalt das auch als Spiel interpretiert.«

Nachtigall wandte sich um und stapfte durch den

Flur davon. »Selbstherrliches Treiben. Bezahlte Götter der Meinungsbildung«, schimpfte er dabei laut. »Älteren Leuten!«, spuckte er weiter. »Bodenlos!«

Im Auto fragte Wiener: »Und nun?«

»Schlepzig. Wir müssen den Mörder festnehmen.«

»Wen?«

»Aber das hat sie uns doch gerade verraten, oder? Schlepzig hat sie ausdrücklich erwähnt. Dort haben wir die Leiche gefunden. Der Platz in der Idylle am Inselteich war eben doch nicht zufällig gewählt.«

»Nicht?«, ratlos wiegte Wiener den Kopf. Hatte er etwas überhört?

»Ja, Sie haben recht. Der Tod meiner Kleinen war kein Unfall. Ich wollte das nicht! Das müssen Sie mir glauben! Ich wusste doch nicht, dass sie das so schwer nehmen würde, also bat ich diese widerwärtige Person, den Text zu löschen«, jammerte der Mann. »Es sollte nur ein kleiner Schuss vor den Bug sein. Ich ahnte doch nicht, welche Folgen das haben würde! Und dann finden auch noch ausgerechnet zwei Gäste meines Hotels die Leiche dieser Frau. Das Schicksal arbeitet erfolgreich gegen mich.«

»Wir haben mit Ihrer Frau über den Abschiedsbrief gesprochen.« Nachtigall flüsterte beinahe.

»Dann wissen Sie ja Bescheid.« Der Vater fiel stöhnend in einen Sessel, schlug beide Hände vors Gesicht.

»Diese Frau Haller war bei mir zu Gast. Wohnte zwei Tage im Hotel und aß sich durch die Speisekarte. Am

Ende schrieb sie eine ausgesprochen günstige Beurteilung für mein Haus. Klein, aber fein – Sie wissen schon. Als meine Tochter ihr Café eröffnete, war ich nicht begeistert. Natürlich wollte ich, dass sie eine richtige Ausbildung im Hotelfach macht und dann den Betrieb hier übernimmt. Aber sie hatte andere Pläne, setzte, wie immer, ihren Dickschädel durch. Sie hatte auch tatsächlich Erfolg. Die Leute rannten ihr die Bude ein. Selbst die Schlepziger kauften den Sonntagskaffeekuchen bei ihr.«

Er seufzte.

»Das war nicht in Ihrem Sinne. Sie wollten, dass das Café so schnell wie möglich schließen musste, oder?«, fragte Nachtigall leise.

»Na ja. Nicht gleich. Aber es sollte eine lange Durststrecke kommen, die ihr die Augen öffnen würde für ein zuverlässiges Einkommen durch Hotelgäste.«

»Dann hätte sie um Geld bitten müssen. Natürlich wären Sie großzügig gewesen, doch im Gegenzug …«

»Es ist doch kein Sadismus, wenn ich möchte, dass mein einziges Kind den Familienbetrieb weiterführt! Wir sind alteingesessen. Es ist nichts, wogegen man sich mit Händen und Füßen wehren muss!«

»Ihre Tochter war sehr selbstbewusst. Und durch den Erfolg des Cafés sah sie sich bestätigt.«

»Ich musste etwas unternehmen. Also fragte ich Frau Haller, was man tun könne. Der größte Fehler meines Lebens! Sie schlug mir vor, jemanden mit dem Verfassen einer schlechten Bewertung zu beauftragen. Das Geld ging an sie und wurde weitergeleitet. Der Schreiber würde nicht erfahren, wer den Auftrag gegeben hatte. So wurde es auch gemacht.«

»Die Bewertung schlug ein. Das Café geriet ins Trudeln.«

»Der Umsatz ging zurück, nicht existenzgefährdend, aber spürbar. Und die Leute redeten über das, was nun jedermann nachlesen konnte. Sie hielt das nicht aus, setzte ihrem Leben ein Ende. Sie hing im Dachstuhl unseres Wohnhauses. Ich habe sie dort gefunden. Es war schrecklich.« Er schwieg. Starrte mit leerem Blick auf seine Fußspitzen. »Wenigstens ahnte sie nicht, was …« Er wischte sich übers Gesicht.

»Daraufhin fassten Sie den Entschluss, Frau Haller umzubringen?«

»Sie war doch schuld! Alles ihre Idee. Das nimmt keiner wirklich ernst, meinte sie noch. Dabei wusste sie es besser! Sie hat meine Kleine umgebracht! Nur, dass sie dafür nie vor ein Gericht gestellt worden wäre! Ich musste mich schon selbst drum kümmern. Ich verabredete mich mit ihr. Gab ein Schlafmittel in ihren Drink. Dann erzählte ich ihr von dem kleinen Zelt und überredete sie, mich dort zu treffen, ich hätte etwas mit ihr zu besprechen. Sie verstand gar nicht, dass sie eine Mörderin war! Behauptete, ich sei ganz allein schuld! Ich! Da habe ich …« Er stockte, seine Hände deuteten die todbringenden Bewegungen an. »Ich! Dabei habe ich meine Kleine doch mehr geliebt als alles andere auf der Welt.«

FREIZEITTIPPS:

17 Wildpark Johannismühle: 100ha großes umfriedetes Gelände, in einem Freilauf ist die Begegnung mit heimischen Tieren ohne eine Trennung durch Zäune möglich. Wanderwege führen durch den Park und ermöglichen geduldigen Besuchern eine Aug-in-Aug-Begegnung mit Wölfen, Bären, Luchsen, verschieden Wildarten, Schwarzspechten, Adlern, Eisvögeln und vielen Tieren mehr.

18 Golßen Gurkenfabrik: in der DDR VEB Spreewaldkonserve Golßen, gegründet 1946 in einer Umgebung mit idealen Bedingungen für das Gedeihen von Gurken. Nach der Wende übernommen von Karin Seidl und Konrad Linkenheil und weitergeführt unter dem Namen Spreewaldhof. Die Bezeichnung Spreewaldgurke ist eine geschützte Angabe.

19 Große Wasserburger Spree: Wasserwanderweg bis Berlin, durch idyllische Landschaft.

20 Baruther Urstromtal ist das größte und älteste Urstromtal Brandenburgs, es entstand vor ungefähr 21.000 Jahren als. während der Eiszeit hier Schmelzwasser abfloss und eine typische Landschaft formte, mit Feuchtgebieten, in denen Moore zu finden sind und eher trockenen Regionen, in denen Kiefernwälder stehen.

21 Schlepzig: Landgasthof »Zum grünen Strand der Spree« , Privatbrauerei seit 1788. Führungen und Verkostungen sind möglich, regelmäßig finden in den Räumen des Hauses Events der unterschiedlichsten Art statt.

22 Brennerei Schlepzig, Spreewälder Feinbrand & Spirituosenfabrik, gegründet 2004, hier findet man »Gebranntes« aller Art darunter auch den Spreewälder »Slupisti« Whisky.

23 Spreewaldladen: Schokogurken, Spezialitäten aus dem Spreewald und Kunst- und Gebrauchshandwerk, schöne Dinge fürs Zuhause.

24 Überall im Ort Schlepzig werden Paddelboote für Touren auf dem Wasser angeboten. Der Preis richtet sich nach Dauer der geplanten Tour und dem geliehen Boot.

25 Bauernmuseum Schlepzig: Museum zur Geschichte der Landwirtschaft in der Region. Die Besucher entdecken Traditionen und Bräuche des Spreewalds, erfahren Wissenswertes über die Herstellung von Flachs und Lein, können Maschinen aus früherer Zeit (ab 1900) bestaunen und Kuchen aus dem Lehmbackofen probieren. Untergebracht ist das Museum im Haus des ehemaligen Lehnguts des Dorfschulzen.

26 Tropical Island: in einer zum Bau von Zeppelinen geplanten Halle angelegter Freizeitpark mit Strand und Wasser, tropischen Pflanzen, Bühnenshows.

27 Naturlehrpfad Schlepzig, beginnt am Ortsausgang und führt durch einen Buchenhain und eine idyllische Flusslandschaft , Informationstafeln geben Hinweise auf Natur und Tierwelt.

28 Kahntouren durch die Stadt: In Schlepzig kann man in einem Spreewaldkahn direkt durch den Ort fahren, der von Wasser durchzogen ist.

DAS KANN DOCH MAL PASSIEREN

»Hast du den Kerl gesehen?«, wisperte Adelheid ihrer Freundin ins Ohr und stieß lustvoll ihre Gabel in das Stück Schokosahnetorte.

»Wo?«, hauchte Beatrice zurück und sah sich schnell nach allen Seiten um, was ihr einen rüden Stoß von Adelheids Ellbogen eintrug.

»Du Schaf! Wenn du rumguckst wie eine Eule, fallen wir ihm doch sofort auf. Halt gefälligst deinen Kopf still!«

Im Café Lauterbach 29 in der Fußgängerzone, einem gemütlichen Kaffeehaus und beliebtem Treffpunkt für angenehmes Zusammensein, herrschte um diese Zeit Hochbetrieb. Alle Tische waren besetzt, und im Eingang sammelten sich diejenigen, die hofften, schnell einen Platz zu bekommen.

»Wo denn nun?«

»Er sitzt am Tisch neben der Garderobe. An der Treppe zu den Toiletten. Kaum zu glauben, dass der sich so was traut. Sieht eigentlich ganz harmlos aus.«

Diesmal sah Beatrice sich um, als beäuge sie interessiert den Andrang oder betrachte die neuen Gäste auf der Suche nach einer Bekannten. Nebenbei schob sie eine Gabel voll Fürst-Pückler-Torte nach. Adelheid hatte nichts auszusetzen, der Ellbogen wurde zumindest nicht ein weiteres Mal ausgefahren.

»Und was genau traut er sich?«

Adelheid atmete tief durch. Genervt. Wie konnte man nur so begriffsstutzig sein?

»Das ist der Kerl aus ›Täter, Opfer, Polizei‹ vom letzten Sonntag! Der war auf dem Foto! Ganz sicher.«

Die Freundin nahm das verdächtige Subjekt erneut unauffällig ins Visier.

»Na, ich weiß nicht. Der war auf dem Foto aus dem Video nur undeutlich zu erkennen.«

»Du brauchst eine neue Brille! Fast schon gestochen scharf! Man konnte ihn ganz deutlich sehen. Und es war genau dieser Kerl dort.«

»Meinst du? Ich habe nebenbei an einer Socke gestrickt. Die Ferse. Du weißt doch, wie sehr man da aufpassen muss. Ich habe wohl nicht recht hingesehen.«

»Ich schon«, beschied ihr Adelheid unfreundlich. »Wenn du ohnehin nicht hinguckst, brauchst du den Fernseher gar nicht einzuschalten!«

»Och, ich mag es, wenn in meiner Nähe jemand spricht. Seit mein Hasso tot ist, bin ich ganz allein.«

»Der Hasso ist schon seit mehr als einem Jahr tot!«

»Eben!« Beatrice nickte bekräftigend mit dem Kopf, und ihre rosa Löckchenpracht wippte lebhaft mit. »Mir ist es viel zu still. Und der Hund hat wenigstens mit mir geredet. Auch wenn es dabei von seiner Seite aus gesehen wahrscheinlich nur um Fressen und Gassi gehen ging. Aber man weiß es ja nicht genau. Mag sein, er wollte sich mit mir über Politik unterhalten und mein beschränktes Auffassungsvermögen ließ ein Verstehen nicht zu.«

Adelheid seufzte. Ja, ihr kam die andere manchmal auch sehr beschränkt vor. Gerade jetzt, wo man doch etwas unternehmen musste!

»Hör zu«, wisperte sie eindringlich. »Dieses Video war lang genug zu sehen. Und der Mann hielt die ganze Zeit sein Gesicht in die Kamera, während er das Unaussprechliche tat. Wir müssen einschreiten!«

Die rosa Löckchen hielten im Wippen inne. »Wie meinst du das? Es wurde doch ganz sicher eine Telefonnummer eingeblendet, unter der man Hinweise durchgeben kann. Oder? Hast du dir die nicht gemerkt?«

»Nein, natürlich nicht.«

»Wenn du dir nicht einmal die Telefonnummer merkst, brauchst du dir die Sendung erst gar nicht anzusehen!«, konterte Beatrice.

»Ja, ja. Ich habe es verstanden.« Der Flunsch war eindrucksvoll. »Man kann aber auch bei jeder Polizeidienststelle anrufen. Ich glaube, die Wache hier in der Stadtmauer gibt es nicht mehr. Wo kann man sich denn nun hinwenden? Bonnaskenplatz?«

»Ja. Genau.« Beatrice holte eine bunt melierte Socke aus der Handtasche. »Sieh mal. Ich finde die Farben so schön. Sonnig. Orange und rot und gelb. Denkst du, das ist zu groß als Kindersöckchen?«

»Nein. Es passt einem Kind mit Schuhgröße 45 problemlos!« Adelheid war nun richtig verärgert, ignorierte das beleidigte Schnaufen der Freundin. »Es interessiert dich wohl gar nicht, dass in unserem Café ein Kinderschänder sitzt. Wir können den doch nicht untertauchen lassen.«

»Für mich sieht der nicht aus, als wolle er untertauchen. Außerdem glaube ich, der auf dem Video hatte einen dünnen Oberlippenbart. Ich habe noch bei mir gedacht, das sei eigenartig, denn eigentlich trägt man das so gut wie gar nicht mehr.«

»Das war kein Oberlippenbart, sondern ein Schatten! Und was, wenn der Kerl hier ist, um unbemerkt einem Kind zu folgen? Dann müssen wir ihm doch auf den Fersen bleiben.«

»Ruf doch lieber die Polizei an. Hast du dein Handy nicht dabei?«

»Doch. Aber wenn ich telefoniere, wird er womöglich aufmerksam.«

»Dann geh runter. Bei Damen bist du ungestört, dahin wird er dich sicher nicht verfolgen.«

Adelheid erwog diese Möglichkeit.

Dann fischte sie ihr Mobiltelefon aus der Handtasche und schob es in die Gesäßtasche.

»Okay«, meinte sie mit Verschwörerstimme, »ich gehe jetzt runter. Sollte er mir folgen, kommst du unauffällig nach und warnst mich.«

Beatrice stellte sich vor, wie sie mit den Einkaufstüten und zwei riesigen Handtaschen gefüllt mit all den Dingen, die man bei einer Abwesenheit von zu Hause urplötzlich brauchen konnte, unauffällig jemandem folgen sollte, und kicherte albern.

Die resolute Freundin drehte die Augen zur Decke,

strubbelte durch ihre graue Kurzhaarfrisur und stöhnte gereizt.

»Ist ja schon gut«, kicherte die andere noch immer und bekam unerwartet einen Hustenanfall.

»Mit dir ist es praktisch unmöglich, nicht aufzufallen!«, nörgelte die Freundin.

»Ja, so was in der Art hat Rosi letzte Woche auch gesagt. Wir saßen im Schiller-Café neben dem Staatstheater und plötzlich kam ein Hund …«

»Genau«, unterbrach Adelheid die sicher wahnsinnig lustige Geschichte und floh ins Untergeschoss.

Kein Netz! Nicht einmal einen Balken!

Das hätte sie sich denken können!

Aufgeregt reckte sie ihr Handy an jeder Stelle der Damentoilette in die Höhe, kletterte sogar auf den Toilettendeckel – doch es blieb bei der dürren Information. »Kein Empfang.«

Sie huschte wieder ins Café zurück, machte Beatrice ein Zeichen, sie solle sitzen bleiben, und verließ durch die Tür der angegliederten Bäckerei das Haus. Fühlte sich ein wenig wie James Bond, als sie um die Ecke schlich.

»Hallo, Polizei!«, flüsterte sie wenig später, räusperte sich und wechselte zu normaler Lautstärke. Schließlich konnte der Mann sie unmöglich bis ins Café hinein hören.

»Sie kommen. Ich habe vergessen zu fragen, ob in Uniform oder zivil. Wenn hier Uniformierte auftauchen, versucht der Kerl sicher, sich aus dem Staub zu machen. Dann finden die den nicht mehr.« Adelheids Wangen hatten sich vor Aufregung gerötet.

»Was, wenn du dich doch irrst? Weißt du noch, wie das war, als vor ein paar Jahren jemand aus der Regionalbahn die Polizei gerufen hatte, weil angeblich ein Attentäter im Zug saß?«

Die Freundin schüttelte den Kopf und klebte ihre Augen fest an den Kinderschänder. Den würde sie nicht entkommen lassen, nahm sie sich vor.

»Die Polizei stürmte in den Bahnhof. Bis an die Zähne bewaffnete Beamte überwältigten den Attentäter mit dem Sprengstoffgürtel, warfen ihn auf dem Bahnsteig zu Boden. Wie im Tatort. Tja – Mark Benecke war wohl wenig begeistert, auf dem Weg zu einer Lesung festgenommen zu werden. Ich fand das ziemlich peinlich. Schließlich kennt den Mann doch jeder!«

»Ne, wer ist das?«

»Der Herr der Maden! Mensch, du läufst doch seit Wochen an dem Aufsteller vor der Buchhandlung vorbei. Da hängt sein Plakat drin!«

»Ach der! Mit den Tattoos. Ja, habe ich gesehen, bei Jenny Marx.«

»Pffffff! In welcher Zeit lebst du denn? Hugendubel heißt das jetzt.«

»Da! Sieh mal. Das könnte einer sein.« Adelheid umklammerte den Unterarm der Freundin.

»Ein was?«

»Ein Beamter in Zivil natürlich!«

»Klar, das stimmt. Das ist nämlich Wilfried. Der ist Beamter beim Finanzamt.«

Ach ja, fiel es Adelheid ein, Wilfried, der Gatte von Beatrices Tochter Manuela. Eine von denen, die früh erblühten, um dann wie eine Strohblume vertrocknet als Staubfänger im Weg zu stehen.

Zum Glück konnte die andere keine Gedanken lesen, sonst wäre das wohl das Ende einer langjährigen Freundschaft gewesen.

Wilfried nickte den Damen kurz zu und verschwand im Raucherzimmer.

»Es kommt keiner. Wir werden die Sache wohl selbst in die Hand nehmen müssen.«

Beatrice verzog das Gesicht. »Ach lass das lieber. In der Regel endet so eine Aktion im Desaster«, mahnte sie.

Ungebeten setzte sich ein gewichtiger Riese an ihren Tisch.

Das dezente Schwarz seiner Kleidung konnte die wahre Masse seines Körpers nicht retuschieren.

Bevor die beiden Damen lauthals Protest einlegen konnten, legte er seinen Ausweis auf den Tisch.

Polizei. Also doch noch. Mit Zopf!

»Sie haben uns angerufen, nicht wahr? Der Hinweis auf Frisur und Haarfarbe Ihrer Freundin war sehr hilfreich.«

»Ja, genau«, Beatrice registrierte überrascht, dass die Freundin kräftig vor Scham errötete während sie antwortete, »wegen dieses Herrn dort.«

»Hm. Und Sie wollen in ihm den pädophilen Straftäter erkannt haben, nach dem am Sonntag gefahndet wurde?«

»Aber natürlich. Es gibt keinen Zweifel.«

Der große Mann, der Peter Nachtigall hieß, notierte sich die Adressen der Freundinnen. »Wir kümmern uns um die Sache. Bitte halten Sie sich ab sofort vollkommen raus. Wenn es sich tatsächlich um den Gesuchten handelt, ist er sehr gefährlich. In Brandenburg an der Havel hat er einen Zeugen rücksichtslos erschossen. Also, überlassen Sie alles weitere uns«, mahnte der Riese eindringlich.

Löckchenpracht und Kurzhaarschnitt nickten eifrig.

Doch auch nach einer weiteren Viertelstunde war nichts geschehen!

Der Kerl winkte die Kellnerin heran und zahlte. Die Freundinnen hatten das in weiser Voraussicht bereits erledigt. In sicherem Abstand blieben sie dem Verdächtigen auf den Fersen. Von überwachenden Polizeibeamten war nichts zu sehen. Im Blechen-Carré fuhr der Verdächtige mit dem Fahrstuhl in die zweite Etage.

Beatrice erkannte, dass ihre Verfolgungsjagd nun enden würde. Dort stand sicher sein Auto.

Wenig später brauste er in einem dunkelblauen Mittelklassewagen davon.

»Siehst du, und keiner folgt ihm! Habe ich mir gedacht! Die nehmen Anrufe der besorgten Bevölkerung eben nicht zur Kenntnis. Unverschämtheit!«, fauchte Adelheid zornig und stampfte sogar kindisch mit dem rechten Fuß auf, was die Freundin zum Kichern brachte.

»Nun komm schon!«, drängte sie. »Er ist weg, und ich muss auch nach Hause. Der zweite Strumpf ist noch nicht fertig, und du weißt, der soll noch mit dieser Hilfslieferung auf die Reise gehen.«

»Ein Paar?«

»Quatsch. 30. Na ja. Früher haben wir aus Baumwolle Leprabinden gestrickt, heute eben Socken. Die machen mehr Spaß, sind wenigstens bunt.«

Auf dem Parkplatz vor ihrem Wohnblock in Sachsendorf stand der Wagen.

Als die Freundinnen aus dem Bus stiegen, entdeckten sie ihn sofort.

Adelheid hätte beinahe laut gejuchzt. »Bloß gut, dass ich mir das Kennzeichen gemerkt habe! So können wir sicher sein, dass es sein Wagen ist. Der wohnt bei uns in der Nachbarschaft. Das erleichtert die Observation gewaltig!«

»Wir können doch nicht einem Mann in den besten Jahren nachsteigen! Wenn er es bemerkt, hängt er uns mühelos ab – oder erschießt uns. Ein paar Carepakete will ich in meinem Leben schon noch packen!«

»Der ahnt doch nicht, dass zwei alte Schachteln ihm auf der Spur sind!«, wischte die Freundin alle Besorgnisse weg.

Beamte der Polizei waren auch in den kommenden Tagen nicht zu entdecken.

Aber den Freundinnen war das inzwischen egal, sie hatten die Observation des Verdächtigen kurzerhand selbst übernommen.

»Heute war es eine schöne Tour«, schwärmte Beatrice, die ihre auffälligen Löckchen unter einem Kopftuch verbarg, damit ihm der Begleitschutz nicht ins Auge steche, »wir waren im Spreeauen-Park **30**. Da war ich so lang nicht mehr! Ist ja ein wunderschönes Gelände geworden. Dieser See – wunderbar. Ich hätte da stundenlang bleiben können. Mein Strickzeug …«

»Ja, ja. Und dann?«

»Sei doch nicht immer so ungeduldig! Dann ging's in den Tierpark **31**. Ich wusste gar nicht, dass wir so ein tolles Haus- und Hoftierhaus bekommen haben! Und Hühner! Ich sage dir, die waren so groß wie mein Hasso. Dann sind wir zum Wasserspielplatz spaziert. Eliaspark **32**. Dort geht es im Moment recht lebhaft zu, wahrscheinlich sind Sommerferien. Fröhliches Getobe überall – und wir mittendrin. Er suchte sich eine Bank im Schatten und saß dort. Einfach so. Keine Zeitung, kein Buch. Aber Gummibärchen. Die durften sich auch die Kinder holen. Du weißt schon, die sind in so winzigen Pyramidenbeuteln. Die nächste Socke ist fast fertig. Willst du mal sehen?«

»Nein! Er hat also die Kinder beobachtet! Und sie mit Süßigkeiten angelockt, damit sie keine Scheu vor ihm haben. Wir sind auf der richtigen Spur, war ja klar. Die Eintragungen sind vollständig?«

»Aber ja. Alles mit Zeitangabe. Ist ja ein Glück, dass er so gern mit öffentlichen Verkehrsmitteln fährt. Stell dir vor, der würde sein Auto benutzen! Aber so ist das Auf-den-Fersen-Bleiben gar kein Problem!« Beatrice übergab der Freundin das schmale Heft.

»Der nimmt Bus und Bahn, damit sich später niemand an den Wagen und das Kennzeichen erinnern kann, du Schaf. Arbeit hat der wohl nicht. Seltsam. Er ist doch im besten Alter!« Adelheid schüttelte missbilligend den Kopf.

»Nun, finanziell scheint es ihm nicht schlecht zu gehen. Er kauft immer etwas für die Kinder. Und seine Kleidung ist hochwertig. Das hat der nicht bei einer Billigkette erstanden!«

»Eigenartig!«

»Könnte doch sein, dass er was geerbt hat. Oder gewonnen!«

»Bis später«, verabschiedete sich Adelheid hastig. »Er zieht weiter!«

Nach einer Woche war das erste Heft voll und die Freundinnen begannen ein zweites. Sicher, Übergriffe auf Kinder hatten sie nicht beobachtet – aber das musste nichts bedeuten. Vielleicht war er noch auf der Suche nach dem richtigen Kind für seine Gelüste.

Aber sie waren weit rumgekommen. Adelheid erzählte von einem Ausflug des sonderbaren Herrn zum Reiterhof 33, er verbrachte einen Nachmittag im Piccolo Theater 34 und war einer der wenigen eindeutig Erwachsenen in einem Stück über sexuelle Aufklärung.

Beatrice berichtete von einem Museumsnachmittag in der Spreewehrmühle 35, wo man ›zufällig‹ auf eine Gruppe Hortkinder traf, die begeistert herumliefen und staunten.

Fast hätte sie vergessen, im Café Methner 36 die süßen Grüße für eine Freundin einzukaufen, so beschäftig war sie, seit sie sich zu dieser Beobachtungsaufgabe hatte überreden lassen. Und Katarina liebte die marzipangefüllten Pyramiden sehr, die durften bei der Geburtstagsfeier nicht fehlen.

Den Freundinnen bekam die Bewegung an frischer Luft gut. Selbst der Friseurin war aufgefallen, wie wohl Beatrice aussah, die sich endlich vom Rosa in den Haaren und von den Löckchen getrennt hatte, nun ebenfalls eine moderne Fönfrisur in naturnahem Farbton trug. Und etwas abgenommen hatten die Freundinnen auch. Zeit für einen Abstecher ins Café blieb ja nun nicht mehr. Manchmal dachte Beatrice wehmütig, dass der freundliche Kellner im Schiller-Café 37 sie sicher schon vergessen hatte. Dabei hatte er sich immer so gefreut, wenn sie auf ein Stück Torte vorbei kam.

Als Beatrice das zweite vollgeschriebene Heft an Adelheid zurückgab, machte sie einen besorgten Eindruck. »Ich weiß nicht! Heute hat er mich so durchdringend angeguckt, als er aus diesem Kinderfilm kam. Der Weltspiegel 38 war voller Leute, aber er hat mich angesehen. Nur mich! Mir ist ganz blümerant geworden.«

»Und? Was weiter?«

»Nichts. Er drehte sich um und ging. Vielleicht ist ihm doch aufgefallen, dass ich ihm folge.«

»Du hast doch sogar dein Äußeres verändert! Quatsch! Wenn, dann müsste er eher mich bemerkt haben.«

Das war wieder einmal typisch Adelheid, dachte die Freundin. Wenn schon jemand aus der Masse heraussticht, dann sie!

»Ich wollte dich nur warnen. Kann sein, dass sein Misstrauen geweckt ist. Und du hast selbst gesagt, solche Typen sind gefährlich!«

Das war das letzte Mal, dass Adelheid ihrer Freundin begegnet war.

Am nächsten Morgen erschien sie nicht, um das Heft abzuholen, ließ sich den ganzen Vormittag nicht blicken, öffnete auch nicht auf das Klingeln an der Tür. Was das zu bedeuten hatte, lag auf der Hand.

Adelheid wusste sofort, was passiert war.

Er hatte die Verfolgerin tatsächlich bemerkt und zugeschlagen.

Beatrice war das Opfer eines Mordes geworden. Die Polizei würde ihr ohnehin nicht glauben, also musste sie auch diese Angelegenheit selbst regeln.

Ein guter Plan musste her.

Sie folgte ihm in die Kammerbühne 39, eine Spielstätte des Staatstheaters 40 im ehemaligen Haus der Bauarbeiter. Kindervorstellung. Irgendein Märchen wohl. Adelheid sah nicht wirklich hin. Hinter ihrer Stirn braute sich ein Gewitter zusammen – mit Todesfolge für diesen Mörder. Der würde nicht davonkommen, das war sie der Freundin schuldig. Und der Kerl wirkte ganz normal, so, als habe er keinen Grund für ein schlechtes Gewissen. Ja, schlimmer noch: Nach dem Mord an Beatrice agierte er ungezwungener, fröhlicher.

Ihn umzubringen war das eine, wahrscheinlich sogar die leichter zu bewältigende Aufgabe. Die andere, weitaus schwierigere Herausforderung, war die Entsorgung seines Kadavers.

In den folgenden Tagen überlegte sie einen bunten Strauß von Entsorgungsvarianten, doch keine schien geeignet, ihn ohne Aufsehen zu erregen verschwinden zu lassen.

Sie träumte sogar nachts davon, wie sie den unhandlichen und schweren Körper zerstückelte und in einzelnen Plastiktüten verpackt über die Mülltonnen der Stadt verteilen würde.

Doch plötzlich kam ihr die Erkenntnis: Das war gar nicht notwendig!

Sicher, er hatte Beatrice sehr wirkungsvoll versteckt – bisher hatte noch niemand ihre Leiche gefunden. Vielleicht nachts im Wald verscharrt. Aber das kam für sie nicht in Frage. Zu anstrengend. Liegenlassen war die beste Variante!

Ein unverdeckter Mord, mit sichtbarer Leiche – die Polizei würde den Täter nie finden. So erledigten sich alle Probleme auf einen Schlag. Der Mord an Beatrice würde gerächt und der Kerl konnte sich nie mehr an einem Kind vergreifen!

Aber wie?

Erschlagen kam nicht in Betracht.

Gift? Schwierig. Wie sollte sie ihm das unbemerkt verabreichen?

Sie traf ihre Vorbereitungen sehr sorgfältig. Hatte nun immer Einmalhandschuhe in der Jackentasche, trug nur noch weite Kleidung, Schuhe mit flacher Sohle ohne Absatz, die das Entkommen einfach machen würden.

Sie schlich ihm wie gewohnt nach, behielt aber nicht mehr nur ihn und die Kinder im Auge, sondern lauerte. Wartete auf eine Gelegenheit, ihre Beute zur Strecke zu bringen.

Er bemerkte nichts von der Gefahr.

Und beging einen verhängnisvollen Fehler!

Sonntagnachmittag, nur wenige Kinder spielten im Puschkinpark 41.

Die Mütter hatten ihren Nachwuchs jederzeit im Blick – keine Chance für eine Annährung, bestenfalls mal für ein paar freundliche Worte, wenn der Ball in seine Richtung rollte und er ihn zurückwarf.

Kühl war es geworden.

Und plötzlich begann es zu regnen.

Er blieb sitzen.

Beobachtete die hektischen Aktivitäten der Frauen, die ihre Kinder verpackten und fluchtartig aufbrachen. Mag sein, er wartete, ob eines ohne Begleitung gekommen war, damit er sich als Begleiter anbieten könnte.

Die seltsame Gestalt mit dem breitkrempigen Regenhut bemerkte er nicht.

Das Ölzeug machte seltsame Geräusche beim Heranschleichen, doch er war ganz auf das Treiben der letzten beiden Kinder konzentriert, die von ihren Müttern in Regenjacken gesteckt wurden.

Am Ende merkte er womöglich gar nichts von dem scharfen Stahl, der durch den Rücken in ihn eindrang und mühelos das Herz durchbohrte. Hatte er überhaupt gezuckt?

Vor ihrem Haus hatte sich eine Gruppe von Männern und Frauen versammelt.

Es wurde heftig diskutiert, die Schirme bezeugten, dass man sich mal in diese, mal in jene Gesprächsrichtung wandte.

Adelheid registrierte die Zusammenrottung, wie sie das in Gedanken nannte, hielt es aber für den üblichen Mieterprotest gegen eine Entscheidung der Wohnungsbaugesellschaft, die sie mal wieder nicht mitbekommen hatte, und wollte sich durchdrängen.

Da rief eine tiefe Stimme: »Da ist sie. Packt sie!«

Ehe sie sich wehren konnte, hielten kräftige Pranken ihre Arme fest und alles Zerren nützte nichts. Sie konnte sich nicht befreien.

»Was soll das?«, fragte sie erbost in die Runde.

Versteinerte Gesichter, Hass im Blick, kalte Wut um die Lippen. Sie kannte keinen.

»Loslassen! Sie haben kein Recht, mich am Betreten des Hauses zu hindern!«

»Das ist die Hexe! Die und noch eine!« Eine zornbebende Frau trat in die Mitte und wies mit dem Finger auf sie. »Die beiden schleichen seit Wochen hinter unseren Kindern her! Ich selbst habe gesehen, dass sie sich sogar Notizen über die Kleinen gemacht haben! Bestimmt haben sie alles aufgeschrieben: Haarfarbe, Entwicklung, Augenfarbe, wie zutraulich das jeweilige Kind ist! Und sicher auch, wie leicht man es fangen kann!«

Empörung rauschte über den Köpfen. Klang wie Sturm.

Adelheid glaubte, sie habe sich verhört. Was wollte man ihr denn hier andichten?

»So ein Blödsinn! Es ist alles ganz …«, wehrte sie sich, wurde aber niedergeschrien, bevor sie zu einer Erklärung ansetzen konnte.

Die Leiber rückten enger zusammen.

»Genau!«, mischte sich nun ein Mann ein. »Die haben jeden Tag in den Parks und am Rand der Spielplätze rumgesessen und unsere Kinder beobachtet! Was hattet ihr vor? Missbrauchstäter sind manchmal auch Frauen! Habt ihr beiden Vetteln nach jungem Fleisch für eure widerwärtigen Gelüste gesucht?«

Sein Speichel sprühte in Adelheids Gesicht.

Sie konnte ihn nicht abwischen – die Arme waren nicht aus der Umklammerung zu befreien.

»Oder die suchen nach Kindern für Familien in Amerika oder sonst wo. Kinderhandel!«, keifte eine Frau aus den hinteren Reihen.

»Totschlagen sollte man solch Gesindel!«, forderte laut und klar ein anderer aus der Gruppe.

Adelheid bekam es mit der Angst zu tun.

»Der Heinz hat die beiden jeden Tag beobachtet. Seit mehreren Wochen. Er hat gesagt, die zwei haben Böses vor.«

»Wo ist der Heinz überhaupt? Der wollte doch herkommen. Heute war er der einen zum Puschkinpark gefolgt. Hat er toll gemacht. Er ist vorneweg gegangen, sodass nie auffiel, dass er eigentlich ihnen folgte. Muss man auch erst mal können.«

Adelheids Knie wurden weich. Heinz? Heinz wer? Ihre Gedanken stolperten durcheinander.

»Heinz ist nämlich Vorstandsmitglied in unserer Elterninitiative ›Schützt unsere Kinder‹«, erklärte eine Stimme. »Es ist ihm ein Herzensanliegen.«

»Hört auf zu quatschen!«, mischte sich eine korpulente Frau ein. »Worauf wollen wir noch warten?«

Die Gruppe rückte noch enger um ihr Opfer zusammen.

Nach oben und zu den Seiten boten die aufgespannten Schirme perfekten Sichtschutz.

»Hört auf damit!«, schrillte Adelheids Stimme über die Köpfe der anderen.

Keiner achtete auf ihr Geschrei.

Das blitzende Messer war ganz plötzlich ins Spiel gekommen.

Sie wusste nicht, wer von den Kinderschützern es mitgebracht hatte.

»Solche Schweine haben kein Recht, unter uns zu leben! Man muss sie ausrotten, mit Stumpf und Stiel!«

Im Hintergrund formte sich aus dem Gemurmel Verständliches.

»Tod für Kinderschänder!«

»Stopp dem Kinderhandel!«

»Schützt unsere Kinder!«

Adelheids Kopf ruckte von einem Gesicht zum anderen, folgte dem Messer, das lebhaft von Hand zu Hand ging.

»Spinnt ihr? Ihr könnt mich doch nicht einfach abstechen!«, kreischte sie.

»Doch. Wir können. Auf drei. Eins , zwei …«

Quietschende Bremsen, Türen wurden zugeschlagen. Machtvoll bahnte sich ein Riese den Weg durch die Gruppe.

»Was geht hier vor?«, donnerte seine Stimme drohend.

Das Messer war verschwunden.

Adelheid fühlte eine ungewohnte Schwäche.

»Ich will jeden einzelnen Namen!«, wies der massige Mann, der alle anderen der Versammlung überragte, polternd an. Beamte riegelten die Gruppe nach allen Seiten ab.

Michael Wiener zückte sein Notizbuch.

»Na, dann wollen wir mal. Sie haben sicher Ihren Ausweis zur Hand?«, fragte er freundlich einen dicken jungen Mann, der vehement den Kopf schüttelte.

»Polizeistaat! Ich denke gar nicht daran, mich auszuweisen.«

»Kein Problem. Der Kollege dort nimmt Sie gern mit. Wir bestimmen dann im Büro Ihre Identität. Tut fast nicht weh«, versicherte Wiener dem widerspenstigen Mann und lächelte sonnig.

Peter Nachtigall zog Adelheid aus der Mitte.

»Ihre Freundin hat uns alarmiert. Sie meinte, es braue sich da etwas zusammen. Sie verstehe nicht, worum es gehe, aber Sie seien in Gefahr.«

»Welche Freundin?«

»Beatrice Wagner. Ist doch Ihre Freundin, oder?«

»Beatrice?«, röchelte Adelheid und lehnte sich schwer an den Cottbuser Hauptkommissar. »Ich dachte, ihr wäre etwas zugestoßen«, hauchte sie.

»Nun, schließlich wurde sie von einem Wagen angefahren. Seit ein paar Tagen liegt sie im Klinikum. Nach der OP fühlte sie sich so schlecht, dass sie nicht telefonieren konnte, und später gingen Sie nie an Ihr Handy. Also hat sie uns angerufen, um Sie zu warnen.«

»Von einem blauen Mittelklassewagen angefahren?«, mutmaßte sie. Logisch!

»Nein, von einem Sprinter. Leihwagen für einen Umzug. Die junge Familie ist ganz untröstlich. Aber Ihrer Freundin geht es schon besser. Vielleicht besuchen Sie sie.« Nachtigall dachte, ein ordentlicher Schnaps könnte hier Wunder wirken.

Das kann doch mal passieren, dass man jemanden verwechselt, überlegte Adelheid und streifte in Gedanken flüchtig den Körper von Heinz, der auf der Bank neben dem Spielplatz langsam kalt und starr wurde.

FREIZEITTIPPS:

29 Café Lauterbach: Caféhaus und Baumkuchenmanufaktur in der Fußgängerzone.

30 Spreeauenpark: ehemaliger Park der Bundesgartenschau, See mit Fontäne, Tertiärwald.

31 Tierpark: Kängurus, Elefanten, Tapire, Haus – und Hoftiere, Affen Wildschweine Raubvögel und vieles mehr.

32 Eliaspark: Wasserspielplatz, Spielen rund ums Wasser und Plantschen im Nass.

33 Reiterhof Kutzeburger Mühle: Reitstunden, Ausflüge zu Pferde, Jugendferien auf dem Reiterhof, Restaurant, Hofladen.

34 Piccolo Theater: Neubau eines Kinder- und Jugendtheaters am Erich-Kästner-Platz.

35 Spreewehrmühle: Baubeginn 1797 als Öl- und Gräupchenmühle, seit 1987 technisches Denkmal Spreewehrmühle. Auch mit dem Kahn ab Sandower Brücke zu erreichen, die einzige unterschlächtige Wassermühle im Osten Deutschlands.

36 Café Methner: Chocolatierwaren gefüllt mit Marzipan, Nougat oder Geistvollem, kunstvoll verzierte Schokoladentafeln oder Themenfiguren für jeden Geschmack, Schauwerkstadt der Confiserie Felicitas in Hornow, Dorfstraße 15.

37 Schiller-Café: an der Ecke zum Theater, Plätzchen aus der eigenen Konditorei.

38 Weltspiegel: vor zwei Jahren wiedereröffnetes Innenstadtkino mit wunderbarer Atmosphäre. 3 Säle, neben Kinofilmen bietet es auch Veranstaltungen anderer Art, zum Beispiel Liveauftritte und Lesungen.

39 Kammerbühne, Spielstätte des Staatstheaters im ehemaligen Haus der Bauarbeiter, kleiner Zuschauerraum, mit unmittelbarer Nähe zur Bühne.

40 Staatstheater: Jugendstiltheater am Schillerplatz, erbaut von den Theaterfreunden der Stadt, Ballett, Schauspiel, Musiktheater, Philharmonisches Orchester des Staatstheaters.

41 Puschkinpark: an der Stadtmauer gelegen, Skatertreff, Mopsfreundetreffpunkt, Skulpturen in der Anlage, Kindertobe- und spielwiesen.

MORD AM RANDE DER WELLNESSBEWEGUNG

In der Dunkelheit war er schlecht zu erkennen.

Das mochte ein Grund dafür gewesen sein, warum man ihn erst fand, als es schon zu spät war.

Außerdem war Wochenende. Das Wetter zeigte sich von seiner besten Seite, Abende mit milden Temperaturen luden zum Feiern ein. Da war es fast normal, dass der eine oder andere nicht mehr ganz nüchtern war, wenn er sich auf den Heimweg machte.

An einem Konzertwochenende waren schwankende Rückkehrer ohnehin ein gewohnter Anblick. Und dass es einer nicht mehr bis ins Zuhause schaffte, kam nicht gerade selten vor.

Fahrradkonzert in Cottbus.

Ein Highlight.

Nicht nur kulturell, sondern eben auch unter sportlichem Aspekt.

Circa zehn Kilometer Strecke mussten insgesamt erradelt werden, das weckte den Durst, die Musik sorgte für entspannte Gemüter, und gutes Essen an den verschiedensten Orten bekämpfte Hungergefühle. Ganz wichtig, hatte er seinem Freund ans Herz gelegt, sei die Feier am Ende der Tour de Cottbus. Die müsse natürlich in vollen Zügen genossen werden. Er hatte schon seit Tagen davon geschwärmt, bedauert nicht dabei sein zu können.

Der Freund solle nur nichts verpassen. Vor allem nichts von dem abwechslungsreichen musikalischen Angebot. Es sei für jeden etwas dabei, und Neues könne man auch entdecken. Oder, fragte er immer wieder, habe schon mal jemand gehört, wie eine Sitar klingt? Oder Tamblas? Gut, ein Cello sei nun nicht so exotisch wie diese indischen Instrumente, aber wann sei man denn das letzte Mal in einem Cellokonzert gewesen – überhaupt in einem Streichkonzert? Na eben. Deshalb dürfe man sich das nicht entgehen lassen, Jazz sei auch im Programm, und im Tierpark zögen die Musiker von Gehege zu Gehege – spannend, wie die Otter zum Beispiel reagieren würden, nicht wahr, oder die wilden Schweine, die Luchse, die Elefanten, die Kängurus – er wurde nicht müde, von seiner Vorfreude zu berichten und der Hoffnung, er könne es doch noch rechtzeitig zum Tourbeginn in die Stadt schaffen.

Als er gefunden wurde, sagte er nichts mehr.

Nie mehr.

Geschwätzigkeit war kein Laster der Toten.

Der morgendliche Radfahrer, der ihn fand, alarmierte verstört die Polizei. Er war kaum in der Lage, den genauen Fundort anzugeben, hatte Probleme damit, sich an seinen eigenen Namen zu erinnern. Geduldig von der professionellen Stimme geleitet, gelang es doch, die wichtigsten Informationen zu bekommen. Johann Kleinert wiederholte ständig, es habe geregnet und die vorbeifahrenden Autos auf der Burger Ringstraße bespritzten den Toten mit Wasser und Dreck. Doch die

Fahrer in den Wagen konnten den Toten wahrscheinlich nicht einmal sehen.

Als Peter Nachtigall und Michael Wiener eintrafen, hatte Kleinert eine wärmende Decke bekommen. Ein Sanitäter sprach beruhigend auf ihn ein. Jemand hatte heißen Tee organisiert, und der Mann umklammerte die Tasse mit zitternden Fingern.

»War seine erste Leiche«, erklärte Lars Friedrich vom Polizeirevier in Burg. »Er geht sonst nicht mal auf Beerdigungen. Mit dem Tod will er nichts zu tun haben, hat er gesagt, sonst fällt dem womöglich auf, dass er ihn noch nicht abgeholt hat.«

»Der Mann ist also schon älter.« Michael Wiener holte sein Notizbuch aus der Tasche und schlug eine neue Seite auf. Ordentlich notierte er das Datum und den Fundort als Überschrift. »Wie war sein Name?«

»Johann Kleinert. Er radelte auf dem Weg zum Frühstück hier vorbei und entdeckte den Mann. Immerhin hatte er sein Handy dabei und konnte die Polizei informieren.«

»Hatte der Tote Papiere bei sich?«, fragte Nachtigall und trat unruhig von einem Fuß auf den anderen.

»Nein. Keine Papiere, keine Schlüssel, kein Mobiltelefon.«

»Mist!« Damit stapfte der Hauptkommissar zu dem einzelnen Mann hinüber, der hinter dem Absperrband auf dem Boden hockte.

»Morgen!«, begrüßte ihn der Arzt misslaunig. »Fängt

ja gut an die Woche. Es ist kaum Montag – und schon ruft man mich zu einer Leiche! Und dann zu so einer!«, grummelte er.

Nachtigall sah dem Arzt über die Schulter.

Auf dem nassen Randstreifen lag ein gut genährter Mittvierziger, rasierte Glatze, Edeljeans, weißes Hemd mit so guter Passform, dass es maßgeschneidert sein konnte, italienische Lederslipper in Dunkelblau.

»Können Sie mir schon sagen, wie er gestorben ist?«

Der Mediziner grunzte und drehte den Mann auf den Rücken.

Nachtigall wich mit einem leisen Geräusch zurück, das so klang, als lasse jemand die Luft aus einem Reifen. »Selbstmord?«

»Hier? Am Fahrbahnrand? Eher unwahrscheinlich. Aber er riecht nach Alkohol. Womöglich hat er bis in die frühen Morgenstunden gefeiert und wollte nicht mit dem Auto nach Hause fahren.«

»Angst vor Polizeikontrollen. Dann hat er seinen Schlüssel vielleicht bei einem Wirt abgegeben. Das lässt sich klären.« Nachtigall beugte sich vor und betrachtete die Wunde, die quer über den Hals lief, genauer. »Wo ist die Tatwaffe?«

»Ihre Leute haben bisher keine gefunden. Aber das muss nicht bedeuten, dass es keine gibt. Vielleicht ist ein Auto drübergefahren und sie wurde ein Stück weggeschleudert.«

»Mag sein, er wollte zur Bleiche [42]. Ein Gast vielleicht.«

»Möglich«, antwortete der Arzt einsilbig und wandte

sich der Untersuchung des Leichnams zu. »Eigentlich gibt es typische Spuren, wenn sich jemand mit Kraft die Kehle durchschneiden möchte. Die fehlen hier. Ein Schnitt, ohne Zögern gesetzt, sehr tief. Ich glaube, der Mann war sofort tot. Aber das wird sich bei der Obduktion genauer feststellen lassen.« Er bewegte den Kopf des Toten. »Der Schnitt geht bis auf die Halswirbel, es fühlt sich so an, als sei die Wirbelsäule durchtrennt. Hier wurde mit viel Kraft gearbeitet.«

»Von hinten?«

»Möglich. Es ist so viel Blut in den Boden gelangt – ich denke, er wurde direkt hier getötet. Weit konnte er mit der Wunde nun wirklich nicht kommen.«

»Direkt nach dem Mord abgelegt, wäre auch denkbar. Der Täter fährt rechts ran und stößt den Toten aus dem Wagen.«

Der Arzt nickte. »Sicher. Dann werden Sie auf jeden Fall viel Blut des Opfers im Fahrzeug finden.«

»Hm«, nachdenklich wandte Nachtigall sich um, entdeckte Michael Wiener, der an der Absperrung stand und wild gestikulierte. »Danke. Ich muss los.«

»Viel Erfolg!«, wünschte der Mediziner.

»Totenschein?«

»Hat der Kollege.«

»Johann Kleinert. Er sieht aus wie 100, ist aber erst 70. Seine Schwester wohnt ein Stück die Straße weiter, fast gegenüber der Therme 43. Er fährt jeden Morgen zum Frühstück bei ihr vorbei.«

»Aha. Kannte er den Mann?«

»Nein. Er hat den Mann nicht umgedreht, wollte das Gesicht nicht ansehen, sagt er. Es grauste ihn davor. Er war sogar schon wieder aufgestiegen und wollte schnell weiterfahren, da kam es ihm unrecht vor, den toten Mann im Dreck liegen zu lassen. Also hat er schweren Herzens die Polizei informiert«, fasste Michael Wiener weiter zusammen.

»Schweren Herzens. Hm, woher wusste er denn, dass der Mann tot war?«

»Er meinte, das war nicht zu übersehen. So viel Blut. Und außerdem habe er ihn sacht mit dem Fuß angetippt, der Fremde sei regungslos liegen geblieben. Alles klar, sagt er.«

»Gut gekleidet, teure Marken, italienische Schuhe – wir warten auf ein verwertbares Foto und fragen in den Hotels nach. Vielleicht ist sein Fehlen schon aufgefallen. Einen Ehering habe ich nicht gesehen, aber das heißt ja nicht, dass er allein hier Urlaub macht.«

»Gestern war in Cottbus Konzertnacht. Auf dem Heimweg hat er seinen Mörder getroffen«, mutmaßte Michael Wiener und fischte einen Zeitungsartikel aus der Innentasche seiner Jacke. »Habe ich eingesteckt, weil ich den Text noch lesen wollte.« Er schlug die Seite auf und wies auf den Artikel.

»Tour de Cottbus? Ja, richtig. Die Radtour!«, fiel Nachtigall ein. »Bei der Parkeisenbahn 44 wurde sogar Polka getanzt – Annemariepolka bis zum Umfallen. Eine Freundin von Conny hat gestern Abend begeistert davon berichtet. Quasi der Auftakt fürs Bundesradsport-Treffen. Wo da überall Musik gemacht wurde! Beeindruckend: Dieslkraftwerk [45], E-Werk [46], Planetarium [47], Spreeauenpark [48], Tierpark [49], Branitzer Park [50], Radstadion [51] und so weiter. Aber ehrlich, wie ein Radfahrer sieht der Tote nicht aus. Der Körper wirkt nicht sportlich, und die Kleidung wäre zum Radeln nicht bequem gewesen. Italienische Slipper. Nein, wirklich nicht.«

»Wir könnten in den Hotels in der Gegend nachfragen, ob ein Gast vermisst wird. Schließlich ist schon Frühstückszeit.«

»Bleiche, Thermehotel [52] … Gut, probieren wir's. Solange er keinen Namen hat, kommen wir nicht voran.«

Der Weg von der Straße zur Rezeption des Hotels Zur Bleiche war erstaunlich weit. Nachtigall brummte. »Wenn man mal den demografischen Faktor berücksichtigt, ist es nicht günstig. Für Menschen mit Rollator kann die Strecke zu einem echten Hindernisparcours werden. Die meisten Gäste, die sich einen Aufenthalt hier leisten können, gehören nicht zu den Blutjungen.«

»Ja, mag sein. Normalerweise fährt man mit dem Auto ran. Ich habe hier Marnie mal abgegeben, Wellnesstag mit einer Freundin. Sie war jedenfalls schwer beeindruckt von den Möglichkeiten hier. Haben die nicht schon zum wiederholten Mal eine Auszeichnung als bestes Wellnesshotel Europas bekommen?« Wiener, sportlich und fit, mangelte es an Verständnis für die miese Laune des älteren Kollegen.

»Aber am frühen Morgen …«

Die junge Dame hinter dem Tresen lächelte die Neuankömmlinge freundlich an.

»Was kann ich für Sie tun?«

»Kriminalpolizei Cottbus«, erklärte Nachtigall, und sie wiesen ihre Ausweise vor. Das Gesicht der jungen Frau gefror – mitsamt dem professionellen Lächeln. »Wir haben an der Straße eine männliche Leiche gefunden und überprüfen nun die Hotels in der Nähe. Vielleicht fehlt bei Ihnen ein Gast?«

Erleichterung belebte das Gesicht wieder. »Nein! Alle Gäste sind schon auf, kein Zimmerpartner wurde als verschwunden gemeldet. Housekeeping ist schon unterwegs. Haben Sie vielleicht ein Foto von dem Herrn?«

»Noch nicht. Vielleicht kommen wir noch einmal vorbei«, meinte Wiener und merkte selbst, dass diese Ankündigung wie eine Drohung klang.

»Herr Nachtigall! Herr Nachtigall!« Die beiden Ermittler blieben stehen, warteten, bis der Rufer herangekommen war. Der Kollege schwitzte stark, wischte sich mit einem Taschentuch über die Stirn und den Nacken, zog an der Uniform, um etwas Lüftung zu erreichen. Er streckte dem Hauptkommissar einen braunen Umschlag entgegen. Nachtigall bedankte sich durch knappes Nicken, öffnete ihn und fand darin ein Foto des Toten. »Schön ist anders aber immerhin ist es vorzeigbar«, konstatierte er und reichte das Bild an Michael Wiener weiter. »Wenn er gar nicht in einem

Hotel gewohnt hat, sondern in einer Ferienwohnung, suchen wir an der falschen Stelle«, dachte Nachtigall laut.

Das moderne Hotel neben der Therme begrüßte seine Gäste mit einer hellen, großzügigen Lobby.

»Tut mir leid – aber diesen Herrn kenne ich nicht. Warten Sie einen Augenblick, ich frage bei meinen Kollegen nach.«

Als der junge Mann wieder auftauchte, schüttelte er den Kopf. »Auch den anderen ist er nicht bekannt. Ich sehe schnell nach, ob jemand beim Nightservice eingecheckt hat – dann kennen wir von der Tagschicht ihn eventuell noch gar nicht.«

Die Finger des Mannes flogen über die Tastatur.

Doch wieder schüttelte er den Kopf. »Tut mir leid. Es hat niemand unerwartet eingecheckt.«

Im überdachten Eingangsbereich vor dem Hotel wartete Lars Friedrich bereits auf die Kollegen.

»Wir haben eine Vermisstenmeldung reinbekommen. Eine junge Frau sitzt auf dem Revier und heult sich die Augen aus, weil ihr Begleiter nicht nach Hause gekommen ist. Heute Morgen war er nicht in seinem Bett. Vielleicht möchten Sie selbst mit ihr sprechen?« Nach einer Pause setzte er hinzu: »Übrigens haben wir Johann Kleinert erlaubt, nach Hause zu fahren und sich umzuziehen. Er meinte, so könne er nicht bei seiner Schwester am Tisch erscheinen. Seine Kleidung war ja voller Blut.«

Das Schluchzen war vor den Fenstern des Polizeireviers bis auf die Straße zu hören.

»Meine Kollegin ist sehr geschickt im Trösten, aber hier scheint es nicht funktioniert zu haben.« Lars Friedrich zog die Tür auf und ließ den Kollegen den Vortritt.

»Er kann doch nicht einfach verschwunden sein«, weinte die Frau, und eine beruhigende Stimme antwortete: »Aber nein. Es kommt sehr selten vor, dass Menschen spurlos verschwinden. Er wird sich wieder anfinden. Vielleicht war er zu betrunken und ist über Nacht irgendwo untergekrochen. War er denn feiern?«

»Nein! Er ist nicht zum Feiern hier! Er hat mir eigentlich einen wunderbaren Wellnessurlaub versprochen. Viel Zeit für gemeinsames Baden in der Soletherme, für die Burg so bekannt ist.« Lautes Schnauben war zu hören. »Es fing allerdings so an wie immer.«

Die drei Männer nutzten die Pause und traten ein.

»Sehen Sie, da sind die Kollegen schon. Denen können Sie nun genau erzählen, was Ihr Verlobter gestern unternehmen wollte«, stellte die dralle Polizistin mit deutlicher Erleichterung in der Stimme fest und räumte mehr als bereitwillig ihren Platz.

»Wir sind von der Kriminalpolizei. Wie lange vermissen Sie Ihren Lebenspartner schon?«, erkundigte sich Nachtigall und nahm der Frau gegenüber Platz. Er registrierte, dass sie offensichtlich trotz der emotionalen Belastung Zeit für ein großes Makeover ihres Gesichts gefunden hatte. Eine dicke Farbschicht, zu viel Rouge, kräftige Farben als Lidschatten, was im hellen Licht der Sommersonne nicht mehr gut aussah. Die Wimperntusche war offensichtlich wasserfest, doch der Kajal war unter dem Auge breit verlaufen.

»Er war gestern Abend noch unterwegs. Ich solle nicht auf ihn warten, sagte er noch, es könne sehr spät werden. Das ist typisch für ihn. Erst verspricht er mir einen gemütlichen Urlaub, nur Zeit für uns zwei und dann klingelt das Telefon und er muss dringend etwas erledigen. Ich bleibe wie üblich allein. Also ging ich nach dem ›Tatort‹ ins Bett. Es wollte sich aber kein Schlaf einstellen, also half ich mit einer Tablette nach. Als ich heute Morgen aufwachte, war er nicht da, das Bett unbenutzt. Zuerst wollte ich gleich kommen, aber er wäre nicht begeistert gewesen, wenn er bei seiner Rückkehr … Kurz und gut. Ich ging unter die Dusche und dann zum Frühstück. Wir wollten heute in die Spreewelten 53 fahren, Sie wissen schon, baden mit Pinguinen. Darauf hatte er sich gefreut. Als er aber danach noch immer nicht …«, sie weinte erneut, tupfte sich unter den Augen die Tränen ab.

»Ist er das?« Nachtigall legte zögernd das Foto des Toten auf den Tisch.

»Nein!«

»Nein?«

»Das ist sein Freund und Partner. Jürgen. Er sieht so ungesund aus. Ist ihm etwas zugestoßen?«

»Er ist tot.«

Sie schrie erstickt auf, schlug beide Hände vor den Mund. »Ein Unfall?«

»Ein Mord. Man hat ihm die Kehle durchgeschnitten.« Nachtigall sprach leise, als könne Flüstern der Information ihren Schrecken nehmen.

»Aber das kann doch nicht sein! Ich dachte, er ist im Büro geblieben. Jürgen hat erst in zwei Wochen seinen Urlaub. Und wo ist Kai? Ich verstehe das alles nicht!«, wimmerte die brünette Frau und fuhr sich mit den Händen durch die langen glatten Haare.

»Jürgen hat doch sicher auch einen Nachnamen?«

»Jürgen Frost.«

»Jürgen ist Partner von Kai Lampert im Institut für Kapitalentwicklung und Marktbeobachtung in Berlin«, entlockte Lars Friedrich seinem Computer nach wenigen Clicks.

»Was genau bietet dieses Institut an?«, fragte Nachtigall nach.

»Finanzberatung und Anlageservice«, schluchzte die Frau.

»Das heißt: Menschen geben ihr Geld in die Hände von Herrn Frost und Herrn Lampert, damit diese es gewinnbringend anlegen? Und dann sind sie am Gewinn prozentual beteiligt?«

Der Blick aus den braunen Augen war plötzlich nicht mehr verzweifelt, sondern professionell wissend.

Nachtigall war verblüfft. Ein so schnelles Umschalten hatte er bisher selten gesehen.

»Nun, es gibt unterschiedliche Modelle, die den Kunden angeboten werden. So wird für jeden Kunden ein individuelles Programm-Paket erstellt. Mit Stoppkursen und Regelungen zum Ankauf. Sehen Sie, manche Kunden legen zum Beispiel Wert darauf, ihre Gelder nicht in Nahrungsmittelspekulationen einzubringen. Das wird festgehalten und ist verbindlich. Es gibt Kunden, die wollen das Institut nicht direkt beteiligen. Die zahlen zum Beispiel einen Prozentsatz vom investierten Kapital und eine Prämie, wenn der angestrebte Erfolg erreicht wurde.«

»Und das Institut arbeitet zur Zufriedenheit der Klienten?«

»Die, deren Ziel schnell oder in einem vorab definierten Zeitraum erreicht wurde, sind sicher sehr zufrieden.«

»Und die anderen?«

Sie seufzte. »Es kann natürlich auch vorkommen, dass es länger dauert. Gelegentlich kommt es zu unerwarteten Kursentwicklungen bei Aktien, und der Kunde hat einen vorübergehenden Verlust. Das macht die Klienten nicht glücklich und sorgt für eine gewisse Anspannung.«

»Und wenn das Geld verloren geht? Wie bei der Hypo Real Estate? Dann bekommen die Kunden ihre Einlagen zurück, oder?«

»Das kommt auf die vertragliche Vereinbarung an«, fiel die Antwort erstaunlich knapp aus.

»Es könnte demnach Menschen geben, die die beiden Institutsmitarbeiter nicht mochten, weil sie durch deren Aktienhandel Minus gemacht haben.«

Die Schöne zuckte mit den schmalen Schultern. »Ja.«

»Unser Mörder befindet sich demnach eventuell in den Akten.«

Wieder das gleichgültige Zucken. »Suchen Sie nach Kai! Bitte! Es ist nicht seine Art. Kai ist sehr sehr zuverlässig.« Die Augen füllten sich mit Tränen. »Bestimmt ist ihm etwas zugestoßen. Jürgen ist tot! Gibt es hier in der Gegend einen Spinner, der jungen Männern auflauert?«

»Haben Sie ein Foto für uns? Wir sehen, was wir machen können. Es ist nicht so ganz ungewöhnlich, dass ein erwachsener Mann mal nicht ins Hotel zurückkehrt. Warten Sie einfach entspannt auf ihn. Wir kümmern uns.« Lars Friedrich nahm das Foto aus den kalten bebenden Fingern. »Wirklich!«, setzte er energisch hinzu, als er ihrem skeptischen Blick begegnete.

»Wenn Jürgen Frost eigentlich im Büro sein sollte – was wollte er dann hier?«, hakte Nachtigall nach. »Wenn ich das richtig verstehe, sind doch nur diese beiden das Institut.«

»Ach, vielleicht hat irgendein Kunde Ärger gemacht. Da fährt schon mal jemand vorbei und spricht persönlich mit demjenigen. Außendienst.« Die Frau erhob sich, wandte sich zur Tür und drehte sich um, wischte mit den Augen über die Gesichter der Ermittler und setzte hinzu: »Könnte ja sein, dass er sich zu einer kurzen Besprechung mit Kai treffen wollte. Im direkten Gespräch hört wenigstens die NSA nicht mit. Das Handy haben sie seit der Aufdeckung des Skandals nur noch selten genutzt.«

Damit rauschte sie zur Tür hinaus.

Nachtigall setzte ihr nach. »Ihr Partner und Herr

Frost haben sich gut verstanden?«, wollte er wissen, als er die Frau eingeholt hatte. »Keine Meinungsverschiedenheiten?«

Ihre Pupillen verengten sich, der Mund wurde bleistiftdünn. »Nein. Natürlich nicht. Sie sind – waren – ein gutes Team.«

»Die Kollegen in Berlin suchen in den Unterlagen nach Hinweisen auf Auseinandersetzungen. Mal sehen, wie lange es dauert, bis sie den Beschluss bekommen«, grinste er.

»Die Polizei sucht nach Kai Lampert. Wir werden uns auf die Suche nach Zeugen machen. Wenn jemand direkt neben der Straße ermordet wird, ist vielleicht jemandem was aufgefallen. Welche Betriebe liegen in unmittelbarer Nähe?«

Zwar nicht in unmittelbarer Nähe des Tatorts, aber doch auf dem Arbeitsweg vieler ihrer Mitarbeiter, lag eine Firma, die Säfte herstellte. Hier konnten Privatkunden auch ihre eigene Ernte abgeben und verarbeiten lassen.

Der Saftproduzent 54 rief seine Belegschaft zusammen.

»Diese Herren sind von der Kriminalpolizei. Sie haben ein paar Fragen«, stellte er die beiden Ermittler vor. Ein Raunen erfüllte den Raum.

»Mein Name ist Peter Nachtigall. Wir haben heute Morgen einen Toten an der Ringstraße gefunden, nicht weit von hier entfernt. Der Mann wurde ermordet. Der eine oder andere von Ihnen könnte die Stelle auf dem Weg zur Arbeit passiert haben. Ist jemandem etwas aufgefallen? Ein schwankender Mann? Ein Bündel Kleider am Straßenrand? Ist ja nicht immer gleich zu sehen, dass ein Körper drinsteckt.«

Grüppchen bildeten sich, es wurde heftig und gestenreich diskutiert. Gesprächsfetzen wehten zu den Ermittlern hinüber, die geduldig abwarteten.

»… und du bist sicher, dass du …«

»Vielleicht ist das wichtig! Das musst du …«

»Da wird einer direkt an der Straße umgebracht und keiner sieht etwas. Ich habe auch nichts bemerkt!«

»Schon eigenartig. Ich bin ja praktisch an dem Toten …«

»… das ist eine echte Beobachtung. Bestimmt wichtig. Du musst …«

»… möglicherweise hast du den Mord gesehen? Wenn ich mir das vorstelle.«

Dann hob ein Mitarbeiter zögernd den Arm. »Ich. Es könnte sein, dass ich etwas gesehen habe. Allerdings nur flüchtig. Ich habe nicht auf die beiden Männer geachtet.«

Während die anderen an ihre Arbeitsplätze zurückkehrten, erzählte Henner Klausmann von seiner morgendlichen Beobachtung.

»Ja, also ich bin da lang gekommen. Und mir fielen zwei Männer auf, die ordentlich getankt haben mussten. Der eine versuchte, den anderen zu stützen – war aber nicht sehr hilfreich dabei. So torkelten sie Arm in Arm. Im Rückspiegel habe ich noch gesehen, dass der eine auf den Boden stürzte. Na, dachte ich noch, das gibt Ärger zu Hause. Sturzbesoffen alle beide.«

»Können Sie die beiden beschreiben?«

»Wieso? Ich denke, den einen haben Sie gefunden?«, fragte Klausmann überrascht.

»Ja, wir haben einen Mann gefunden. Aber wir wissen nicht, ob es der ist, den Sie beobachtet haben.«

»Ach so, ja. Sie denken, da war noch ein Dritter?« Er rieb sich über die Arme, als sei ihm kalt. »Ist schon eigenartig. Bei uns passiert so was nicht, wissen Sie? Hier ist es friedlich. Aber gut, mir fiel auf, dass die beiden nicht so recht zueinander passten.«

»Das müssen Sie erklären!«

»Na, ja. Wenn Freunde zusammen einen draufmachen, dann sind die ähnlich gekleidet und so. Aber bei den beiden war das nicht so. Der eine war in Hemd und Jeans, der andere in einem grauen Anzug. Mehr habe ich in dem kurzen Moment nicht sehen können.«

»Der im Anzug war schlank oder eher stämmig?«, erkundigte sich Wiener und dachte an das schmale Gesicht von Kai Lampert.

»Ehrlich …« Klausmann zuckte ratlos mit den Schultern.

»Und um welche Zeit sind Sie an der Stelle vorbeigefahren?«

»Gegen vier Uhr.« Klausmann registrierte die Überraschung in den Mienen der beiden Beamten. Eine

Erklärung musste nachgeschoben werden. »Meine Mutter wohnt in Neudorf. Sie ist Pflegefall. Aber es ist ihr unangenehm, wenn fremde Leute sie anfassen. Da wird sie lieber früh geweckt und lässt sich vom Sohn waschen. Bevor ich gehe, mache ich ihr noch Frühstück. Der Pflegedienst kommt für ihren Kaffeedurst zu spät.«

»Wieso ist der Partner hergekommen?«, überlegte Wiener als sie den Hof der Safterei überquerten.

»Ein Problem wollte er besprechen – ist natürlich eine Möglichkeit. Aber dann muss sich die Lage bei einem der Investments dramatisch zugespitzt haben. So sehr, dass man die Sache nicht mal für ein paar Tage auf sich beruhen lassen konnte. Wahrscheinlich haben sie eine ordentliche Summe versenkt und der Klient war stinksauer.«

»Fällt dir zum Namen Johann Kleinert irgendetwas ein? Mir kommt es so vor, als habe ich ihn schon mal gehört, ich weiß aber nicht mehr, in welchem Zusammenhang.«

Wiener schüttelte den Kopf. »Nein. Vielleicht erinnert er dich nur entfernt an einen alten Fall. Kleinert ist ja nicht so selten.«

»Mag sein.« Nachtigall trottete neben dem Kollegen her. Schweigsam. »Verflixt! Es fällt mir nicht ein.«

»Immerhin wissen wir jetzt, wann der Mann vermutlich ermordet wurde. Gegen vier Uhr ist Klausmann vorbeigefahren. Ehrlich gesagt, an den Dritten glaube ich nicht.«

»Ich auch nicht. Klausmann hat den Mord beobachtet, ohne zu wissen, was er da sieht. Schade, dass er den Täter nicht besser beschreiben kann.«

»Ich würde ja mein sauer verdientes Geld nicht solch einem komischen Institut anvertrauen. Solche Geschäfte sind für Leute, die sich damit auskennen – im Zweifel ist ein Sparplan oder so etwas besser. Da muss man keine Kurse beobachten und nicht rechtzeitig auf Marktveränderungen reagieren. Wäre mir zu stressig. Und ein Fremder hat doch keine emotionale Beziehung zu meinem Geld. Dem ist es egal, wenn er es verspekuliert.«

»Verdammt!« Nachtigall schlug sich mit der flachen Hand gegen die Stirn. »Los! Wir fahren zu Kleinert!«

»Ist dir eingefallen, woher du den Namen kennst?«, wollte Wiener wissen und fiel in einen lockeren Galopp, um mit Nachtigall Schritt halten zu können.

»Ich erklär's dir unterwegs!«

Johann Kleinert bat die beiden Beamten höflich in sein Wohnzimmer.

»Noch Fragen? Ich dachte eigentlich, ich hätte alles erzählt.«

»Bis auf ein paar unbedeutende Kleinigkeiten. Zum Beispiel haben Sie vergessen zu erwähnen, wo Sie die Tatwaffe versteckt haben.« Nachtigall behielt Kleinert fest im Blick.

»Die Tatwaffe? Sie machen aber seltsame Scherze.«

»Und Sie haben uns auch noch nicht erzählt, wo

Sie die beiden Broker gestern getroffen haben. Außerdem möchten wir gern wissen, wo Sie Kai Lampert gefangen halten! Sie sehen – ein paar Dinge sind noch offen.«

Kleinert plumpste in seinen Sessel, verschränkte die Arme über der Brust und machte ein Gesicht, als wolle er bis zum Ende seiner Tage kein Wort mehr über die Lippen kommen lassen.

»Gut. Ich sehe, Ihre Kooperationsbereitschaft ist nicht stark ausgeprägt. In diesem Fall wird sich mein Kollege im Haus umsehen. Er darf das. Denn es besteht Lebensgefahr für Herrn Lampert.« Für einen winzigen Augenblick hatte Nachtigall den Eindruck, es husche ein fieses kleines Schmunzeln um Kleinerts Lippen. Besorgnis breitete sich in seinem Denken aus. Kamen sie etwa zu spät? Lampert war schon tot? Er machte Wiener ein Zeichen, er möge sich bei der Suche beeilen.

»Sie haben vor einigen Jahren eine unglaubliche Pferdewette gewonnen. Ihr Tipp war der totale Außenseiter. Im Rennen strauchelte der Favorit, büßte seine Position ein, zwei andere wurden disqualifiziert – und Ihr Tipp Sieger. Das Geld haben Sie immer gut gehütet. Doch mit der Zeit kam es Ihnen so vor, als sei Ihr Kapital faul und träge. Es sollte sich endlich vermehren. Sie fanden in Berlin ein Institut, das Ihnen genau das versprach. Doch nun stellt sich heraus, dass Ihr finanzielles Polster verloren ist«, erzählte Nachtigall.

Der alte Mann in seinem Sessel knurrte wie ein Kettenhund.

»Sie stellten die Männer, denen Sie das Geld anvertraut hatten, zur Rede. Die beriefen sich auf eine Klausel im Vertrag, die das volle Anlagerisiko auf den Besitzer des Kapitals abwälzte. Da ist Ihnen die Sicherung durchgebrannt. Sie haben den einen entführt und den anderen erpresst. Er sollte Ihnen wenigstens die Einlage ausbezahlen.«

Wiener kehrte zurück.

Im Schlepptau einen sehr ramponierten Kai Lampert. Offensichtlich war er nach Strich und Faden verprügelt worden. Das Hemd zerrissen, das Gesicht blutig, Platzwunden an der Stirn und am Jochbein, beide Augen zugeschwollen.

»Dieses Schwein! Der hat meine ganze Alterssicherung verbraten. Der und sein feiner Freund!«

Johann Kleinert spuckte Lampert einen grünlichen Schleimbatzen vor die Füße. »Keine Gnade. Nicht einmal das, was ich eingezahlt hatte, wollten die wieder rausrücken. Dabei könnten die das locker! Haben Sie gesehen, wo der Urlaub macht? Und zur Wellnesstour in die Bleiche! Wissen Sie, was das kostet? Ein ganz neues Mercedes Coupé – und die Uhr, die kostet ein Vermögen! Aber mein Geld sei weg, sagten die beiden ganz kalt. Ich solle mich damit abfinden!«

Als Kleinert abgeführt wurde, fragte er im Vorbeigehen: »Wie sind Sie drauf gekommen?«

»Das Blut. Ihr linker Ärmel, das linke Hosenbein –

alles voller Blut. Das konnte nur während des Mordes an Ihre Kleidung gelangt sein.«

»Scheiße!«, knurrte der alte Mann. »Ich dachte, das fällt keinem auf!«

FREIZEITTIPPS:

42 Zur Bleiche: mehrfach ausgezeichnetes Hotel mit gehobener Gastronomie und großem Wellnessbereich mit Hamam, Sauna, Pools, Massage etc.

43 Therme Burg: Soletherme, Innen- und Außenpools, Wärme- und Kältebecken, Becken mit besonders hoher Salzkonzentration, Wintergarten, Massage, Sauna, Wellness und Fitness.

44 Stellwerk Parkeisenbahn, Schmalspurbahn, verbindet viele der schönsten Ausflugsziele in Cottbus. Auf einer Strecke von 3,2 Kilometern liegen vier Bahnhöfe und zwei Haltepunkte. Das Besondere bei dieser Bahn ist, dass sie weitgehend von Kindern und Jugendlichen betrieben wird.

45 Dieselkraftwerk: zu einem modernen Kunstmuseum umgebauter Industriekomplex, einem einzigartigen Industriedenkmal am Amtsteich. Die Ausstellungsfläche bemisst sich auf 1250 Quadratmeter und verteilt sich auf insgesamt 6 Ausstellungsräume. Der Umbau ist eine viel beachtete und gelungene architektonische Leistung, Eröffnung des Museums war 2008.

46 E-Werk: denkmalgeschütztes Elektrizitätswerk, integrierte Wasserkraftanlage, Ort für Veranstaltungen.

47 Planetarium: Raumflugplanetarium Juri Gagarin, an der Spree gelegenes Planetarium,Programme mit Wissenswertem für Jung und Alt. Besonderes Hybrid-Projektionssystem mit optomechanischem Sternenprojektor und Ganzkuppel-HD-Videosystem – diese spezielle Technik wird europaweit nur in Cottbus eingesetzt. Mehr unter www.planetarium-cottbus.de

48 Spreeauenpark, ehemaliges Bundesgartenschaugelände, Tertiärwald. Insgesamt erstreckt er sich über eine Fläche von 35ha, man findet einen ausgedehnten Parkweiher mit Fontäne. Von Mai bis September finden viele attraktive Veranstaltungen in diesem Ambiente statt

49 Tierpark: der größte Tierpark in Brandenburg (25 ha, 1200 Tiere), weite Bereiche liegen im Wald, heimische und exotische Tierwelt, Spielplatz am Raubtierhaus, Gaststätte, Hunde können mitgebracht werden.

50 Branitzer Park, Schloss und Park des Fürsten Pückler, noch vom Fürsten gesetzter alter Baumbestand in manchen Bereichen, Parkschmiede, Orangerie.

51 Radstadion: Sportstadion, Radbahnen und Leichtathletik, ehem. Olympiastützpunkt.

52 Spreewald Thermenhotel: modernes Hotel neben der Therme, mit direktem Zugang über einen verglasten Gang für Hotelgäste.

53 Spreewelten Lübbenau, Badespaß mit Pinguinen (natürlich in einem separaten Becken, durch eine Glaswand von den menschlichen Schwimmern getrennt), Sauna, Baldura – Restaurant.

54 Spreewaldmosterei mit Laden Spreewaldmosterei Jank, Mosterei und Brennerei, Sagengeist. April-Oktober Café geöffnet, Verkostung, Museum.

DIE BUCKLIGE VERWANDTSCHAFT

Als Bertram Klausner das Zeitliche segnete, war wohl – außer ihm selbst, falls er noch die Gelegenheit hatte, es zu bemerken – niemand sonderlich überrascht darüber.

Im Dorf herrschte allgemein die Auffassung, so einer wie er habe eigentlich mit dieser Entwicklung rechnen müssen. Erhöhtes Todesrisiko eben. Natürlich war es vom Schicksal möglicherweise ein wenig ungerecht gewesen, ihn erst die Krankheit überwinden zu lassen und dann doch in einer feucht-schwülen Augustnacht sein Leben zu beenden. Aber vielleicht hatte das Schicksal nichts davon gewusst, dass er in jener Nacht, stark angetrunken nach dem Besuch des Weinfests, dem Tod direkt in die Arme laufen würde. Möglicherweise koordinierten die Kräfte, die unsere Geschicke leiten, sich nicht in jedem Fall bis ins Detail.

Man fand ihn ziemlich schnell.

Blut suppte unter der Hecke durch zum Nachbarn, der Hund zeigte sich sehr interessiert – und die Familie alarmierte die Polizei, überließ den Beamten die Entdeckung des Kadavers neben dem kleinen Geräteschuppen.

Er bot nun wirklich keinen schönen Anblick.

Schon zu Lebzeiten kein Adonis, hatte der Tod den Körper aufgetrieben, die Knöpfe des Hemdes abgesprengt und die Haut seltsam verfärbt. Neugierig drängte sich fast die gesamte Straße am Zaun der Nachbarn, um einen Blick auf den Toten werfen zu können, manche, nur um sicher zu gehen, dass …

Die Unnatürlichkeit des Ereignisses war unübersehbar, und so informierte die Schutzpolizei die Kollegen in Cottbus.

Peter Nachtigall und Michael Wiener benötigten eine halbe Stunde zum Fundort der Leiche.

»Erstochen!«

»Ja. Die Tatwaffe steckte in der Erde neben dem Körper. Nach getaner Arbeit reingerammt«, wusste Michael Wiener von einem der Beamten des Erkennungsdienstes.

»Sieht übel aus«, murrte Nachtigall.

»Da kann er ja nichts dafür!«, meldete sich der diensthabende Mediziner und drückte dem Hauptkommissar den Totenschein in die Hand. »Unnatürlicher Tod, ist klar. Liegezeit – ich würde mal annehmen, etwa 72 Stunden. Vielleicht auch mehr. Der Hund ist übrigens kein Indikator, die Familie war verreist, er konnte das Blut also nicht früher erschnüffeln.«

»Seit der vor Jahren den Sechser im Lotto hatte, war der umschwärmt. Gibt kaum eine Frau hier in der Gegend, die er nicht in seinem Bett hatte. Und alle haben sich Hoffnungen auf eine unbeschwerte Zukunft gemacht«, verkündete eine schrille Stimme über den Gartenzaun. Die Nachbarin musste ihren vorderlastigen Körper auf die Zehenspitzen stemmen, was gar nicht so einfach war. Balance halten fiel ihr ebenfalls schwer, und so krallte sie sich schon bald am Zaun fest, obgleich der Draht in ihr Fleisch schnitt und das Gesamtgefüge gehörig ins Wanken geriet.

Ihr Mann, der die Worte gehört hatte, warf ihr einen argwöhnischen Blick zu, von den Füßen aufwärts bis zum Dutt und wieder zurück.

»Natürlich konnte er sich die Rosinen rauspicken. Nahm sich die begehrtesten Weiber. Schamlos!«

Der Gatte schmunzelte, schenkte sich ein neues Glas Bier ein, trank genussvoll und dachte: Ja dann! Keine Gefahr!

»Er wechselte also häufig seine Partnerin?«, fragte Nachtigall nach.

»Und wie. Manchmal ging es von einem Tag auf den anderen. Und zu dem ist ja selbst Verheiratetes und Vergebenes in die Kiste gehuppt. Getroffen hat er sich mit den Lotterweibern oft im Hain.« Sie grinste anzüglich. »Sie wissen schon, wegen der Fruchtbarkeit. Da steht ja der Liuba-Stein.«

»Liuba-Stein?«

»Göttin der Fruchtbarkeit.« Die Frau wippte unwillkürlich mit den ausladenden Hüften.

»Sie wissen nicht zufällig, wie seine letzte Bekanntschaft hieß?«

»Die Marlene! War verlobt. Aber dann hat sie ihrem Rudolf den Laufpass gegeben. Dabei stand der Hochzeitstermin schon fest. Also wirklich! So was gehört sich doch nicht. Ich kann nur sagen, der junge Mann sollte froh sein. So eine flatterhafte Frau wäre nichts für ihn gewesen. Der mag das Solide, obwohl ja einige munkeln, sie sei inzwischen wieder bei ihm eingezogen.«

Und nun hat er ein starkes Mordmotiv, dachte Nachtigall. »Rudolf hat doch sicher einen Nachnamen und eine Adresse?«, erkundigte er sich freundlich bei der redseligen Zeugin.

Marlenes Gesicht hatte Schaden genommen, das war unschwer zu erkennen.

Die Schöne hatte ein blaues Auge, eine aufgeplatzte Lippe und eine deutliche Schwellung an der rechten Seite des Kinns.

Schniefend suchte sie mit zwei Fingern in der Hosentasche ihrer knallengen Jeansröhre nach dem Taschentuch. Zog das feuchte Klümpchen Zellstoff heraus und wischte sich unter den Augen entlang. Links besonders vorsichtig.

»Tieffliegende Türklinken?«, fragte Wiener mitfühlend.

Marlene warf ihm einen vernichtenden Blick zu. »Wer will das wissen? Sind Sie von der Flugaufsicht?«, patzte sie zurück.

»Nein. Kriminalpolizei. Bertram Klausner wurde tot aufgefunden. Da wir gehört haben, dass er viel Ärger mit Ihrem Freund hatte, wollten wir gern mit ihm sprechen.«

»Mein Schnucki hatte nie Ärger mit Klausner. Die kannten sich nur vom Hörensagen!«, empörte sich die ramponierte Frau.

»Nur vom Hörensagen? Aber Sie kannten ihn schon näher, oder?« Nachtigall drängte sich an der jungen Frau vorbei in die Wohnung.

»He! Ich bin nicht auf Besuch vorbereitet!«

»Das macht nichts. Wir möchten gern mit Ihrem Partner sprechen – notfalls warten wir auch gern.«

Verdattert schloss die Frau hinter den unliebsamen Besuchern die Tür.

»Aber er ist nicht da. Er musste zum Arzt«, erklärte sie stotternd. »Wegen der Krankschreibung.«

»Sie haben sich geprügelt, und er hat mehr abbekommen als Sie?«, fragte Wiener grinsend. »Kommt in den besten Beziehungen vor. Manche Männer trauen sich gar nicht nach Hause, wenn sie sich verspätet haben.«

»Unsinn!«, jetzt musste auch die Frau wider Willen schmunzeln. »Er war im Krankenhaus in Cottbus. Die haben ihn entlassen, aber er kann unmöglich wieder arbeiten gehen. Er ist noch ziemlich schwach. Und als Gerüstbauer …«

In der kleinen Küche war kaum Platz für alle drei.

Nachtigall, der mit seinen fast zwei Metern Körpergröße beinahe die Decke berührte, versuchte sich möglichst aus dem Weg zu räumen, damit die Frau an die Kaffeemaschine gelangen konnte.

»Schnucki und ich kennen uns seit vier Jahren«, erzählte sie, während sie die Filtertüte am unteren Rand faltete und in den Filter schob. »Wir haben uns beim Hahnrupfen kennengelernt. Er hat mich gleich beeindruckt. So ein starker Mann!«

Tassen wurden aus dem Schrank geklappert.

»Vor etwa einem halben Jahr hat Klausner mich eingestellt. Sehen Sie, als Gerüstbauer verdient man keine Reichtümer, außerdem ist es ein Saisonjob. Wir haben sein Angebot besprochen. Viermal in der Woche putzen, bei Gelegenheit als Begleitung zu Essen mit Geschäftsfreunden – solange er dich nicht antatscht, meinte mein Schatz, ist das okay. Gut. Also habe ich den Job angenommen. Der Klausner ist ein sehr netter Mann. Und großzügig. Er hat alle Extras bezahlt. Ich habe mit der Putzerei und so gut verdient. Eigentlich war alles bestens.«

Gluckernd begann die Kaffeemaschine ihre Arbeit. Sie zischte und dampfte, zog damit viel Aufmerksamkeit auf sich.

Gedankenverloren starrte Nachtigall in die Dampfwolken. Die Zeugin log, das war klar. Allein das ramponierte Gesicht war dafür Beweis genug.

»Irgendetwas ist aber doch nicht bestens gewesen, oder?«

Sie seufzte schwer. »Eifersucht!«

»Bei wem?«, hakte Wiener rasch nach.

»Was meinen Sie wohl?«, kam die aggressive Antwort, und die junge Frau wies auf ihr Auge.

»Nur bei ihm? Und Klausner wollte Sie nicht vielleicht überreden, bei ihm einzuziehen?«, fragte Nachtigall.

»Ach, auf einmal haben alle durchgedreht. Auf einem Kalenderblatt stand mal: »Eifersucht ist eine Leidenschaft, die mit Eifer sucht, was Leiden schafft.« Und da ist was dran. Die Weiber im Dorf haben das Klatschen angefangen. Eine jede von denen hat was anderes gewusst – und nichts davon hat gestimmt. Aber die sind um mich rumgeschlichen wie Löwinnen bei der Jagd. Irgendeine hat ihm dann gesteckt, ich würde ihn mit Klausner betrügen. Sicher eine von denen, die selbst gern in sein Bett gehüpft wäre. Aber was die mit solch einem Gerede anrichten, ist denen total gleichgültig. Und alles nur, weil wir bei einem Besuch in der Paul-Gerhardt-Kirche gesehen wurden! Dabei haben wir nur ein Blumenarrangement dorthin gebracht. Von mir! Klausner hat mir nur beim Tragen geholfen.«

Sie schniefte, fummelte erneut den nassen Zellstoffklumpen aus der engen Hosentasche und schnaubte kräftig in eine Ecke davon, die sie umständlich vom Knäuel gezogen hatte.

Natürlich konnte das Taschentuch die Anforderungen an Festigkeit nicht erfüllen. Hastig eilte die Frau an die Spüle, hielt die Hände unter den Wasserstrahl. »'Tschuldigung. War mein letztes. Die Packung ist leer.«

Wiener, der seit der Geburt seines Sohnes für solche Situationen gerüstet war, konnte ihr aushelfen.

Dankbar nickte sie ihm zu, schob dann mit Mühe das Päckchen in die Gesäßtasche.

»Er hat Sie rausgeworfen?«

»Rudolf hat eine Riesenszene gemacht. Mit brüllen, Klamotten aus dem Fenster werfen, zuschlagen – das ganze Programm eben. Der Hochzeitstermin galt nicht mehr, er hat alles platzen lassen! Und wo sollte ich so schnell hin? Also bot Klausner mir ein Zimmer bei sich an.«

»Und Ihr Lebenspartner?«

»Der fuhr auf Montage. Als Gerüstbauer nach Norwegen. Gutes Geld, Englisch kann er ja, und die Arbeitszeiten sind genau geregelt. Und dass man am Ende den Lohn nicht bekommt, ist undenkbar. Ich war ganz froh darüber. So konnte er sich abregen, war nicht mehr den Einflüsterungen der Klatschweiber ausgesetzt.«

»Sie dachten, er käme entspannt zurück? Wo Sie doch bei seinem angeblichen Nebenbuhler eingezogen waren? Das können Sie doch nicht ernsthaft angenommen haben!« Nachtigall war fast sprachlos über so viel Naivität.

»Nun ja, er ist eben leicht aufbrausend. Aber das legt sich rasch.« Sie nahm das nächste Taschentuch aus der Packung. »Ich kam ja gar nicht dazu, ihm zu erzählen, dass Klausner nicht zu Hause sein würde. Er war so wütend, dass ich mich nicht traute, ihm zu begegnen. Klausner hatte eine Kreuzfahrt geplant. Mittelmeer. Eine tolle Tour, Luxusklasse. Er konnte sich das problemlos leisten. Geld spielte keine Rolle. Und ich sollte sein Haus hüten. Es war nicht so gedacht, dass ich für immer dort einziehen sollte.«

»Aber das hatten Sie Ihrem Freund nicht gesagt.«

»Nein. Wie denn?« Sie betastete das geschwollene Auge. Flüsterte: »Viel zu gefährlich. Lebensgefährlich.«

Auf dem Weg zum Auto stellte Wiener trocken fest: »Platz eins im Ranking der Verdächtigen ist vergeben.«

»Sieht so aus. Aber bevor wir uns in was verbeißen, sollten wir abwarten, was die anderen gehörnten Gatten unternommen haben. Derer gibt es angeblich viele – also ran!«

Schon zwei Stunden später hatten sie eine Liste mit 15 Namen.

Die Nachbarn waren sehr hilfreich gewesen, auch die selbsternannten Freundinnen von Marlene, die schnell zusammenkamen, wo die beiden Ermittler auftauchten. So auch in der Bibliothek, die im Schloss [55] untergebracht war. Alle hatten von jemandem gewusst, dem Klausner geschadet oder Hörner aufgesetzt hatte.

»Das kann ich mir nicht vorstellen. Ehrlich gesagt, ich denke da wird so allerhand in Begegnungen hinein geheimnist. Nicht jedes Zusammentreffen mit der Ehefrau eines anderen ist auch gleich ein Seitensprung.«

Sie parkten vor einem renovierten Mietshaus am Rande der Stadt.

»Zum Supermarkt hat er es jedenfalls nicht weit.« Michael Wiener sah sich um. »Ist schon ein ziemlicher Stilbruch, oder? Gerade wenn man aus dem historischen Stadtkern kommt. Wehrturm [56], Reste der Stadtmauer [57], die beiden Türme [58] – warst du eigentlich mal im Wappensaal [59]? Der ist richtig eindrucksvoll!«

»Sicher, ist ein ziemlicher Kontrast. Aber irgendwo müssen die Menschen einkaufen. Und es steht nun wirklich sehr peripher. Wenn du so von der Gegend schwärmst, dann warst du doch sicher auch in Steinkirchen [60]? Diese Kirche ist schon was Besonderes.«

»Plane ich mal für eines der nächsten Wochenenden. Marnie möchte ohnehin gern in den Lübbener Hain [61], eine Freundin schwärmt davon. Die Paul-Gerhardt-Kirche [62] in der Stadt gefällt mir auch ganz gut.«

»Wenn ihr schon eine Sightseeing-Tour plant: Eine Postmeilensäule [63] gibt es hier auch! Ihr könntet den Gurkenradweg [64] nehmen.« Nachtigall hielt dem prüfenden Blick des Kollegen stand, verzog keine Miene.

»Postmeilensäule. Gut. Ich kann saure Gurken nicht ausstehen! Das erinnert mich an den Mordfall Gieselke.«

Sie wandten sich den Wohnblocks gegenüber zu.

»Wie heißt er? Junack?«

»Ja. Matz Junack. Hier ist es!« Nachtigall drückte auf den kleinen Klingelknopf.

Die Wohnung war klein, die Luft abgestanden und der Boden so hoch mit Schmutzwäsche bedeckt, dass man den Teppich nicht mehr sehen konnte. Matz Junack kehrte brummend zu seinem Lieblingsplatz zurück. Mitten auf dem Sofa.

»Herr Junack, ist es richtig, dass Ihre Frau vor zwei Jahren zu Herrn Klausner gezogen ist?«

»Ja.«

»Herr Klausner ist tot.«

»Ach.«

»Lebte Ihre Frau noch bei ihm?«

»Nein. Er hat sie schon kurz nach dem Einzug wieder rausgeworfen.«

»Zu Ihnen ist sie nicht zurückgekehrt?«

»Nein.«

»Wo können wir sie erreichen?«

»Keine Ahnung. Sie hat in den Westen gemacht.«

»Herr Klausner wurde ermordet. Wir müssen nun sehr vielen Menschen diese Frage stellen: Wo waren Sie in den letzten vier Tagen?«

»Der Klausner und sein Lotteriegewinn. Das hat einiges durcheinandergewirbelt. Es gab mal eine Zeit, da ist er im Winter Taxi und im Sommer Kahn gefahren. Hat sein Geld mit ehrlicher Arbeit verdient. Doch als der Millionengewinn kam, war Schluss damit. Er hat nur noch nach Frauen geschielt. Mit Vorliebe nach denen anderer Männer. Vielleicht brauchte er den Triumph über die Ehe zur Selbstbestätigung. Oder er glaubte, die Weiber würden nicht ernst machen mit der Scheidung. Er könne sie erobern und dann zu den betrogenen Gatten zurückschicken. Hat sicher in den meisten Fällen geklappt.«

»Wo waren Sie in den letzten Tagen? Wir bräuchten die Angaben ziemlich genau, so für die letzten vier Tage.«

»Hier. Ich bin immer hier. Gelegentlich gehe ich rüber und kaufe ein. Dann sitze ich wieder hier und hoffe, dass die Vorräte möglichst lange halten. Ich gehe nicht gern einkaufen. Ist so ein Aufwand. Mit waschen und anziehen und so. Muss ich nicht andauernd haben.«

»Wann waren Sie zum letzten Mal drüben?«, fragte Wiener und öffnete die Tür des Kühlschranks, der praktischerweise neben dem Sofa stand. Sehr übersichtlich. Eine Packung Käse und ein Stück Salami, in der Tür ein Bier und zwei große Flaschen Mineralwasser. Sonst nur Leere.

»Sieht so aus, als müssten Sie mal wieder. Ist nichts mehr da.« Mit einem lauten Schmatzen fiel die Tür wieder zu.

»Reicht noch.« Junack grunzte. »Ich hatte einen kleinen Betrieb. War unser gemeinsamer Traum. Nach der Scheidung musste ich sie ausbezahlen. Fertig.«

»Konkurs?«

»Ich musste alles verkaufen. Haus, Grund – alles. Nun hocke ich hier und warte auf den Tod. Jedes Mal, wenn es klingelt, hoffe ich, der Typ mit der Sense steht draußen und erlöst mich. Aber der hat wohl meine Adresse verlegt. Vielleicht glaubt er auch, ich sei schon tot. Leben kann man das nicht mehr nennen.«

»Puh!« Wiener atmete tief durch. »Der ist ja wirklich gebeutelt.«

»Frau weg, Geld ebenfalls und der Betrieb geschlossen. Sein Elternhaus ist verloren, und nun hockt er in der winzigen Wohnung rum. Ein Motiv für einen Besuch bei Klausner hätte er schon gehabt.«

Bei Hartwig Schubert war die Ehe nicht in die Brüche gegangen.

Die Gattin stand in der Küche und war mit den Vorbereitungen fürs Mittagessen beschäftigt. Hartwig hatte drei Tage frei und beschlossen, am Haus zu werkeln. Aus dem Obergeschoss war das Kreischen der Säge deutlich zu hören. Im Garten tobten zwei Mädchen quietschend umher, und deren größere Schwester saß in der Hollywoodschaukel und las.

»Ja, es stimmt. Der Klausner hat vielen den Kopf verdreht. Aber bei mir verfängt Prahlerei nicht.«

»Und dennoch sind Sie bei ihm aus und ein gegangen.«

»Ja. Das haben Ihnen diese schwatzhaften Nachbarn erzählt, nicht wahr? Sehen und verstehen sind manchmal zwei Paar Schuhe.« Die resolute Frau wischte sich die feuchten Hände an der Schürze ab, die sich über ihrer üppigen Mitte spannte. Sie sah aus dem Küchenfenster zu den Mädchen hinaus.

»Der Klausner war nicht auf mich scharf. Er verdrehte unserer Anna-Sophie den Kopf. Mit diesem sattsam bekannten Geschwätz über Chancen beim Film, die er vermitteln könne, der Modelkarriere, die er gern fördern würde. Der übliche Mist, dem die jungen Dinger nur allzu gern verfallen. Ich habe mein Kind da rausgeholt. Ihm gedroht, ihn anzuzeigen. Das hat nichts genützt. Also drohte ich mit Prügel. Er hörte auf, sie anzurufen.« Unbewusst schwang sie den Kochlöffel in die Handfläche der linken Hand. Nachtigall kam zu dem Schluss, dass Prügel von ihr durchaus auch tödlich enden könnten, besonders dann, wenn sie zum Beispiel ein Nudelholz oder einen großen Schraubenschlüssel benutzte.

»Er hatte wieder angefangen, nicht wahr?«, fragte er leise und ignorierte Wieners verwirrten Gesichtsausdruck.

»Ja. Ich habe die Veränderung an meinem Kind sofort bemerkt.«

»Klausner wurde ermordet.«

»Ich weiß. Es ist gut so.«

Sie riss ihre Augen vom Spiel der Kinder los und wandte sich dem Kochen zu.

»Er war ein Schwein. Durch sein Geld glaubte er, er könne tun und lassen, was ihm passt. An Regeln hielt er sich nicht mehr, Absprachen galten nicht. Dieser Lottogewinn ist in böse Hände gefallen, die nur Schaden angerichtet haben. Der Kerl hockte auf dem Gewinn, ließ niemanden teilhaben. Nicht mal seinem Bruder hat er aus der Schuldenfalle geholfen. Der hat sein Haus an die Bank verloren und wird wohl bis zu seinem Lebensende Kredite dafür bedienen müssen. Der lebt jetzt in Köln und rackert sich bei einem Hausmeisterservice ab.«

»Wo waren Sie am Montag?«

»Zu Hause. Mein Mann hat frei. Er brauchte kräftige Hände, um das Material einzukaufen und nach oben zu bringen. Ich habe den ganzen Tag mit ihm verbracht – und wenn er mich nicht gesehen hat, dann saß ich bei den Mädchen. Sie können gerne alle befragen.«

»Da waren es schon drei. Mit jedem von der Liste, den wir besuchen, wird es ein Tatverdächtiger mehr!«, maulte Wiener.

»Zu Jan-Dirk Muschinski.«

Auch dieser Name wurde den Verdächtigen zugeschlagen. Bereitwillig erklärte ihnen der Fünfziger, er habe oft davon geträumt, Klausner ein Messer in den feisten Wanst zu stoßen. Ja, er wisse sogar, wie es sich anfühlen würde. Erst ein wenig widerständig, bei Kleidung und Haut, dann aber so, als ramme man die Klinge in einen Fettblock. Er habe ein Alibi. Am Montag sei er zum Angeln gewesen. Mit einem Freund. Am Abend habe man die Beute des Tages direkt am See gegrillt und vertilgt. Seine Frau besuche er häufig. Sie sei in der geschlossenen Psychiatrie untergebracht. Klausners Partys eben. Drogen und Alkohol bis zum Abwinken – und wer nicht mehr winken konnte, der bekam zu viel von dem Zeug ab. Nein, bei seiner Frau sei das Hirn geschädigt, sie würde nie mehr gesund, befände sich in fester Umklammerung der Psychose und des reinen Wahns. Bertram Klausners Tod sei ein Grund zum Feiern – und genau das werde er auch tun. Dabei öffnete er eine Flasche Champagner und schenkte sich großzügig ein. Die Beamten winkten dankend ab.

»Noch einer!«

»Gut, dann überprüfen wir die Alibis und fahren danach ins Büro. Vielleicht haben die Kollegen was Neues für uns«, legte Nachtigall fest.

Auf dem Weg machten sie bei der Praxis von Klausners Hausarzt halt. Danach war die rätselhafte Erkrankung, die Klausner während der Kreuzfahrt erwischt hatte, eine Infektion mit Legionella gewesen. Genauer gesagt Legionella pneumophilia, Erreger der Legionärskrankheit. Außer ihm hatte es jede Menge seiner Mitfahrer getroffen. Die bis zu diesem Zeitpunkt erzielte Erholung sei danach natürlich nicht mehr feststellbar gewesen. Das Schiff hatte den nächsten Hafen anlaufen müssen. Einige der Erkrankten seien auf die Intensivstation verlegt worden, mussten beatmet werden. Das Opfer war zum Zeitpunkt der Tat noch geschwächt, der Täter hatte leichtes Spiel.

»Also brauchte es keinen muskelbepackten Riesen, um ihn zu töten«, meinte Nachtigall unzufrieden. »Ich hatte gehofft, wir könnten wenigstens die körperlich Schwachen von der Liste streichen.«

»Es ging ihm sogar so schlecht, dass er in seiner Reaktionsfähigkeit beeinträchtigt war. Deshalb sollte er nicht mal Auto fahren!« Wiener schüttelte ratlos den Kopf.

»Wir überprüfen das Alibi von unserem prügelnden Freund und seiner reuigen Partnerin. Choleriker. Und kräftig. Er war im Klinikum – also wird man uns sagen können, wann er gehen durfte. Wir schicken ein Fax an den Justiziar, kein Problem.«

Schon kurze Zeit später hatte Nachtigall alle Informationen, die er über den Patienten angefordert hatte, hatte auf seinem Schreibtisch.

»So, hier steht es genau. Er hatte einen Infekt der

Atemwege. Aha, na sieh mal an, er war richtig krank. So schlimm, dass er stationär aufgenommen werden musste. Entlassen wurde er vor einer Woche.«

Die beiden Beamten verabschiedeten sich artig.

»Ist doch seltsam: Täter und Opfer hatten eine schwere Infektion und lagen im Krankenhaus.«

»Im Ort sind sie sich nicht begegnet, im Klinikum auch nicht, da lag ja nur Schmidtke. Wenn es stimmt, dass die beiden sich nicht kannten, müssten wir annehmen, unser Hauptverdächtiger hätte zufällig den gefühlten Nebenbuhler erstochen. Das erscheint mir zu unwahrscheinlich. Zu viele Zufälle!« Sein Handy brummte. »Nachtigall!«

Er hörte mit ungläubiger Miene zu, bedankte sich und schob das kleine Telefon in die Tasche zurück. »Das wirst du mir nicht abnehmen: Das blaue Auge hat die Schöne von einer Prügelei, das stimmt. Aber es liegt eine Anzeige gegen sie vor. Angeblich hat sie mit zwei anderen jungen Frauen eine handgreifliche Auseinandersetzung gehabt. Gegen zwei Uhr morgens, vor dem Blechen-Carré. Die anderen sind leicht verletzt, die Anzeige wurde gerade zurückgezogen. Ha!«

Wiener lachte leise. »Hätte ich gar nicht von ihr gedacht. Die macht eher auf scheues Reh.«

»Damit wird sie verdächtig. Klausner war geschwächt – sie hätte ihn töten können.«

»Und das Motiv?«

Wiener runzelte die Stirn. »Sie wollte doch eine Beziehung, er nicht. Sie hatte jede Menge Schwierigkeiten seinetwegen, und am Ende gab er ihr nur ein

Zimmer. Oder: Er wollte sie nicht und trieb sie in die Arme dieses Brutalos zurück. Oder er stellte ihr eben doch nach, sie ließ sich ein, aber er zog es vor, die Kreuzfahrt ohne sie zu machen. Ob er allein war, wissen wir ja noch gar nicht!«

»Stimmt. Frag bei der Reisegesellschaft nach.« Nachtigall lief schon über den Gang als er über die Schulter zurückrief: »Ich überprüfe den depressiven Ex.«

Bis zum späten Nachmittag hatte der Ex ein sicheres Alibi. Er ging so selten vor die Tür, dass er jedem auffiel. Er schied aus. Die Reisegesellschaft bestätigte, dass der Passagier Bertram Klausner bis zu seiner Erkrankung in einer Einzelkabine reiste. Über etwaige Urlaubsbekanntschaften könne man natürlich keine Auskunft geben. Der Bruder konnte nachweisen, dass er seine Arbeitstermine alle eingehalten hatte. Von Köln in den Spreewald wäre er viele Stunden lang unterwegs gewesen. Der depressive Junack wusste gar nichts von seinem Alibi. Doch tatsächlich war er beim Einkaufen auf einen Kaffee in der Bäckerei hängen geblieben, woran sich die anderen Teilnehmer der Runde gut erinnern konnten, weil sie den Kaffee mit klarer Flüssigkeit verlängert hatten. So schied einer nach dem anderen aus.

»Bleiben Rudolf und Marlene.«

»Herr Schmidtke, Sie haben Klausner sicher zur Rede gestellt, nicht wahr? So etwas nehmen Sie nicht einfach hin! Spannt Ihnen die Braut aus. Ist doch nicht zu fassen!«

»Ne. Ich wollte nicht riskieren, dass ich den Job in Norwegen nicht annehmen kann, weil ihr mich einknastet. Vielleicht hätte ich den Arsch ja nach Strich und Faden zusammengeschlagen. Körperverletzung? Schwere Körperverletzung vielleicht? Ne. Ich bin dem nie begegnet. Hab mich sogar bewusst ferngehalten von dem Kerl.« Rudolf war zwar noch blass, aber wirklich geschwächt wirkte er auf Nachtigall nicht. Das Tattoo auf seinem Bizeps war jedenfalls prall gespannt.

»Waren Sie nicht neugierig, mit welcher Art Mann Ihre Marlene …«

»Einen Stattlicheren als mich gibt es im ganzen Spreewald nicht. Ich dachte, sie hat sich so einen Bürosperling ausgesucht.«

»Wir werden die Kollegen bitten, mit Fotos durch die Geschäfte zu gehen und nachzufragen, ob die beiden gemeinsam gesehen wurden. Der ist doch dem Klausner ganz sicher nachgeschlichen.« Wiener zog eine grimmige Miene. »Ich mag mir nicht von Rudolf auf der Nase rumtanzen lassen!« Mit einer heftigen Bewegung warf er die Akte auf seinen Schreibtisch. Sie schlitterte über die Platte, kam mit deutlichem Überhang über dem Abgrund zum Liegen.

»Wir sitzen nun schon den dritten Tag über dem Fall. Die meisten der Verdächtigen haben ein bestätigtes Alibi. Den anderen können wir außer einem schicken Motiv nichts nachweisen. Haben wir jemanden übersehen? Ich meine, Klausner war nicht gerade beliebt. Er hat niemanden unterstützt, niemandem etwas gespendet, sich auch nicht ehrenamtlich für irgendetwas engagiert. Bittsteller wird es genug gegeben haben. Alle wurden verprellt. Suchen wir dort.« Er stand auf und nahm die schmale Akte an sich, blätterte unentschlossen darin. Stutzte dann. »Oder es geht anders!« Griff zum Telefon. »Ja, guten Abend. Ist um diese Zeit noch jemand im mikrobiologischen Labor erreichbar? Na, bestens. Dankeschön!«

Wiener hörte dem Kollegen interessiert zu. Was hatte Peter vor?

»Guten Abend, Kriminalpolizei Cottbus. Ich habe eine Frage …«

»So, Herr Schmidtke, dann sprechen wir doch mal über die erste Begegnung mit Herrn Klausner. War es schwierig, ihn auf dem riesigen Schiff ausfindig zu machen?«

Rudolf wurde bleich. Jetzt sah er wirklich krank aus.

»Schiff?«, krächzte er heiser.

»Sie waren tatsächlich in Norwegen auf einer Baustelle. Doch als Ihr Vertrag endete, fuhren Sie nicht wie geplant nach Hause zurück. Sie verbrachten drei Tage an Bord der Miss Luna, dem Kreuzfahrtschiff, auf dem Klausner seinen Urlaub verbrachte. Dort haben Sie ihm aufgelauert, wollten sehen, was das für ein Typ ist. Gern hätten Sie ihm einen feuchten Abgang verschafft, nicht wahr? Ab über die Reling und gut. Doch der Mann wurde krank und für Sie und Ihre finsteren Pläne unerreichbar.«

»So ein Blödsinn. Schiff! Ich werde seekrank.«

»Mag ja sein. Dennoch können wir beweisen, dass Sie zu dieser Zeit unter den Kreuzfahrern waren.«

»Ne!«

»Ihre schwere Erkrankung. Es handelt sich um denselben Stamm wie der, der für den Ausbruch des Infekts auf der Miss Luna verantwortlich war. Legionella pneumophilia. Zu jener Zeit gab es nirgendwo einen weiteren Nachweis dieses Stammes. Sie waren auf dem Schiff. Alle Ausweise werden beim Einchecken kopiert – wir lassen uns gerade die Dateien schicken. Ganz sicher finden wir Ihr Foto. »

»Das ist doch alles Quatsch.«

Nachtigall zog ein Fax aus der Innentasche seines Sakkos.

»Dies hier ist der Beweis. Der Familienname des Kreuzschiffkeims. Tja – die bucklige Verwandtschaft. Die kann man jetzt sogar bei Krankheitserregern nachweisen. MLST nennt man die Nachweismethode – Multilocus Sequence Typing. Aber im Grunde benötigen wir Ihr Bild in dem gefälschten Pass gar nicht.«

Offensichtlich hatte es Rudolf nun die Sprache verschlagen.

Er ächzte nur leise.

»Na, dann lassen Sie uns mal gehen!«, meinte Wiener auffordernd und legte Schmidtke vorsichtshalber Handfesseln an.

FREIZEITTIPPS:

Lübben (1150 erstmals erwähnt, Stadtrecht circa 1200)

55 Renaissanceschloss: Aus einer früheren Burganlage (Wasserburg) aus dem 12 Jhd. entstanden, im Schloss sind das Stadt- und Regionalmuseum untergebracht, in dem sich eine Dauerausstellung der Stadtgeschichte widmet, aktuelle Themenausstellungen sind hier ebenfalls zu finden, die Bibliothek, das »Eheschließungszimmer«, ein Restaurant und der Wappensaal. Die Schlossinsel ist als Park gestaltet, der zum Verweilen einlädt.

56 Wohn- und Wehrturm mit quadratischem Grundriss. Ein eingezogenes Fachwerkgeschoss, das als Wohnung des Herzogs diente wurde1914/1915 abgerissen und ein Walmdach aufgesetzt. Der Turm wurde mehrfach restauriert.

57 Erhaltene Teile der Stadtbefestigung aus dem 14. Jhd., errichtet aus Rasensteinen und Backstein finden sich in der Badergasse und am Ernst-von- Houwald Damm.

58 Zwei Türme, der Trutzer und der Hexenturm sind von der ehemaligen Wehranlage erhalten (Hinter der Mauer, Ernst-von-Houwald Damm).

59 Ein beeindruckender Wappensaal im Turm des Schlosses diente ursprünglich als Huldigungssaal. Unterhalb der Galerie finden sich die Wappen (115) der niederlausitzer Stände. An der Wand befindet sich ein großes Historiengemälde (August Oetken, 1917).

60 Ortsteil Steinkirchen, Dorfkirche aus der 1. Hälfte des 13. Jhd., Kirchenschiff aus Feldstein und Backstein, Turm aus Holz.

61 Lübbener Hain, Naturschutzgebiet mit einer eindrucksvollen Anzahl von Steileichen, Restauenwald, den verschlungene Wege durchziehen, in dem man gern verweilt. Der Liuba Stein ist dort zu finden.

62 Paul-Gerhardt-Kirche am Marktplatz, spätgotische, dreischiffige Hallenkirche, Turm mit achteckigem Aufsatz, erbaut 1494-1550, der Turm stammt aus der Mitte des 15. Jhd. und ist damit der älteste Gebäudeteil. Hier war der Liederdichter Paul Gerhardt bis zu seinem Tod als Pfarrer eingesetzt (1669-1676).

63 Postmeilensäule: Kursächsische Postdistanzsäule, zu finden in der Logenstraße.

64 Gurkenradweg: 250 Kilometer langer Rundweg, benannt nach der Gurke, die jedermann mit dem Spreewald verbindet. Er durchzieht den Spreewald und kann in Etappen »erradelt« werden.

TÜCKISCHE VERWICKLUNGEN

Als es an der Wohnungstür klingelte, sprang Elsbeth leichtfüßig über den Staubsauger und vergaß auf dem Weg durch den Flur nicht, einen weiteren Knopf ihrer pinkfarbenen Bluse zu öffnen. Schließlich sollte Jürgen sofort einen tiefen Einblick gewinnen können. Mit beiden Händen rückte sie den Pushup-Bügel-BH zurecht und zog schwungvoll an der Klinke.

So eine Enttäuschung.

Nicht Jürgen stand dort.

Nur Hiltrud, das blonde Gift mit den viel zu breiten Hüften.

In ihren Augen lag ein amüsiertes Blitzen, als sie einen Blick auf Elsbeths Dekolleté warf.

»Störe ich?«, fragte sie scheinheilig, wedelte mit den grellorange lackierten Krallen, klimperte mit den unzähligen Goldarmreifen und schielte um die Ecke, versuchte ins Wohnzimmer zu sehen.

»Nein.« Tapfer würgte Elsbeth ihren Frust hinunter. »Wie kommst du darauf? Ich räume gerade auf.«

»Wird wohl nötig sein«, kommentierte die unerwünschte Besucherin spitz und schwang sich auf die Zehen, um ihre forschenden Blicke tiefer in die Wohnung senden zu können.

»Ich muss bald los. Wie also kann ich dir helfen?« Es kostete Elsbeth alle Beherrschung, die sie aufbringen konnte, um der dreisten Klinglerin nicht die Tür mitten ins Gesicht zu schlagen.

»Ach so, ja! Ich wollte eigentlich nur fragen, ob du am Vereinsausflug am Wochenende dabei bist? Wir müssen die Zimmerbuchungen und Essensbestellungen organisieren. Aber vielleicht hast du ja gar keine Zeit, bist zu beschäftigt. Du solltest wirklich mal gründlich saubermachen. Die Fenster sind von der Straße aus gesehen verflixt dreckig.«

»Natürlich bin ich bei der Tour dabei! Und um meine Fenster mach dir mal keine Sorgen!«

»Herbert hat die gesamte Tour durchgeplant und noch ein paar Veränderungen vorgenommen. Wir treffen uns an der Lagune [65]. Und er hat festgelegt, dass wir nicht der Route des Gurkenradwegs [66] folgen, sondern uns die Freiheit nehmen, davon abzuweichen. Das heißt, wir fahren über Willmersdorf aus der Stadt bis Peitz [67]. Dort will er einen Termin mit einem der Fischer vereinbaren, der uns spannende Dinge über die Karpfenzucht [68] und die Kormoranplage erzählen kann. Dann durch die Stadt, du weißt ja, er liebt historische Bauwerke [69]. Natürlich bildet er uns danach im Eisenhüttenwerk [70].«

»Aha. Klingt unglaublich aufregend!« Elsbeth hatte schon keine Lust mehr auf die Fahrt. Einen ganzen Tag an Hiltruds Seite verbringen zu müssen, erschien ihr wenig verlockend.

»Tja – Ausfliegen bildet. Über Maiberg nach Dissen. Sorbische Trachten [71] sind sehr schwer anzuziehen, wusstest du das? Man braucht jemandem, der einem hilft, damit alles sitzt. Scheint bei dir sogar bei der Alltagskleidung ein Problem zu sein«, stach die Blonde wieder zu.

»Wer hat, der hat – und kann es auch zeigen. Dir würde das eher schwerfallen, nicht?«, gab Elsbeth gespielt sonnig zurück.

»Über Briesen von der Passion Christi [72] nach Werben in die Gemüsekirche [73] danach auf direktem Weg nach Burg.« Die metallisch-blauen Lider klimperten, die türkisfarbene Bluse flatterte einen winzigen Moment, und unter dem heftigen Atemzug spannte sich die blaue Seidenhose bis zur Grenze der Belastbarkeit. Aber Hiltruds Stimme war nichts anzumerken.

»Kirchentour! Aber wenn wir zügig radeln, sind wir viel zu früh in Burg!«

»Deshalb will Herbert mit uns zum Bismarckturm [74]. Hoffentlich wird das Theater die Sagennacht wieder aufnehmen können. Das war so wunderbar verzaubernd.«

»Ja, besonders bei Regen.«

»Mein Gott, bist du negativ! Zum Biberhof [75] möchte er auch noch, schon wegen der wunderschönen Maine Coon Katzen, die es dort zu bestaunen gibt und für den zweiten Tag ist eine Kahnfahrt [76] geplant und Mittagessen im alten Spreewaldbahnhof [77]. Du weißt schon, da kommen die Getränke über eine kleine Eisenbahn direkt an den Tisch. Wobei ich sagen muss, die Küche ist bodenständig. Erwarte also lieber keine winzigen Häppchen, die in deinen Diätplan passen!«

»Ich würde ja ganz gern in den Kräutergarten [78] gehen. Vielleicht, während ihr die Kahnfahrt macht.«

»Wir werden dich sicher nicht vermissen!«, erklärte Hiltrud gut gelaunt. »Aber plane nicht zu viel Lauferei. Wir fahren nicht direkt nach Cottbus zurück, sondern strampeln über Dissen zurück. Herbert träumt schon lange von einem Abstecher zu den Auerochsen und Wasserbüffeln [79].«

»Gut, nun weiß ich also bestens Bescheid. Um welche Zeit treffen wir uns?«

»Die Info kommt per Telefon. Herbert muss erst klären, wie früh die anderen wach sind. Wie sieht es denn bei dir aus? Du brauchst sicher eine Extraportion Schönheitsschlaf! Obwohl jemand wie du so viel davon nehmen kann, wie er will. Bleibt sinnlos.«

Elsbeth spürte ein heftiges Zucken im rechten Arm.

Zu gern wäre ihre flache Hand laut klatschend auf Hiltruds Wange gelandet.

»Nun, wenn es danach ginge, wäre ich mehr als erstaunt zu sehen, dass du das Bett überhaupt noch verlassen kannst, meine Liebe«, entgegnete sie zuckersüß und versuchte ein mildes Lächeln. »Die Natur kann man durch Dauerschlaf nicht verändern.«

Die Besucherin drückte Elsbeth ein Blatt Papier in die Hand. »Hier steht noch mal alles drauf. In deinem Alter spielt einem das Gedächtnis manchmal einen Streich.«

»Äh«, machte Hiltrud, die schon auf dem Weg zum Aufzug war, und drehte sich noch einmal um. »Ein guter Rat von einer Freundin: Bevor du die Fenster in

Angriff nimmst, solltest du vielleicht die Bluse schließen. Sonst kommt das ganze Haus in Verruf. Sieht ja aus, als putze hier die Puffmutter persönlich! Und die Farbe! Die war schon in der letzten Saison mega-out!«

»Ich ahnte nicht, dass du hier Hand anlegen wolltest. Das müsste ich natürlich verhindern. Eine stadtbekannte Bettspringerin in meinem Fenster könnte ich den Nachbarn nicht zumuten.«

Dann schloss sie mit Bedacht leise die Tür.

Rannte ins Bad.

Kreischte dort ihren Hass auf Hiltrud und ihresgleichen laut in die Welt hinaus.

So konnte das nicht weitergehen.

Mit fahrigen Fingern tastete sie nach der Kette mit dem wunderschönen Anhänger, die Jürgen ihr vor ein paar Wochen als Beweis für seine Liebe geschenkt hatte. Ein feuriger Rubin zwischen zwei Brillanten gefasst. So etwas hatte sie noch nie zuvor gesehen. »Weil du die einzige Frau in meinem Leben bist, die ich von Herzen liebe«, hatte er versichert, während er den Verschluss in ihrem Nacken einhakte.

Bloß Hiltrud hatte wohl noch immer nichts begriffen!

Die hoffte noch immer, er käme zurück in ihr Bett.

Ganz sicher war die doch nur persönlich vorbeigekommen, um etwas zu fragen, was sie längst wusste, damit sie kontrollieren konnte, ob Jürgen bei Elsbeth war!

Bis zur geplanten Radtour waren es noch ein paar Tage.

Vielleicht würde ihr zusammen mit Jürgen bis dahin eine Lösung für das Problem Hiltrud einfallen. Sonst müsste sie das ganze Wochenende mit dieser zickigen Giftspritze verbringen – nein, aushalten – müssen.

Unvorstellbar. Ausgeschlossen. Undenkbar.

Am Freitagmorgen versammelte sich die Gruppe des Vereins ›Fahrradlust‹ auf dem Parkplatz vor der Lagune.

Die meisten waren guter Dinge, plapperten munter miteinander, spekulierten über die Wetterentwicklung. Überwiegend gingen die Tourteilnehmer nach einigem Hin und Her davon aus, dass es trocken bleiben würde.

Hiltrud schoss natürlich in puncto Outfit mal wieder den Vogel ab.

Alles neu – selbst das schnittige Superbike.

»Ach, meine Liebe«, setzte Elsbeth ihren ersten triumphalen Stich, »hätte es die Hose denn nicht auch in deiner Größe gegeben? So ein enges Teil wird beim Radeln schnell an diversen Stellen zu Schmerzen führen. Dann ist dein einziges funktionierendes Organ am Ende gar nicht mehr einsatzbereit!«

Hiltrud lächelte mitleidig. »Bei mir ist es nicht wie bei dir, wo Wundsein durch Scheuern schon Sex bedeutet. Ich werde, wenn überhaupt, durch schiere Manneskraft gescheuert!«

Diese Steilvorlage nahm die andere nur allzu gern auf. »Wenn überhaupt – trifft bei dir genau ins Schwarze. Bei den vielen Bettgenossen bist du sicher schon ganz ausgeleiert, da muss sich einer anstrengen, damit er noch Kontakt nach allen Seiten hat!«

»Schluss jetzt!«, unterbrach die dicke Liese resolut

den Streit, bevor er zu einem Handgemenge eskalieren würde. »Wir fahren jetzt los. Mittagessen ist für 13 Uhr in Dissen geplant. Von dort aus fahren wir bis Burg, dort wird übernachtet. Jürgen fährt die erste Etappe nicht mit. Er hat berufliche Termine.«

»Am Feiertag? Mein Gott, der Ärmste«, steuerte Ernst, Lieses Mann, bei. »Dass der Chef ihm aber so gar keine Ruhe gönnt!«

»Gehobene Position im Management – da ist man auch mal am Feiertag gefragt. So, in die Pedale!«

Elsbeth seufzte heimlich.

Dachte daran, dass Jürgen ihr versprochen hatte, den Tag für ein klärendes Gespräch mit seiner Frau zu nutzen und endlich die Scheidung einzureichen. Morgen, wenn er zu ihnen stieß, wäre alles geklärt. Schade nur, dass Hiltrud davon nichts … – aber hier verbot sie sich ein Weiterdenken.

Insgesamt kamen die Radler gut voran, auch wenn Elsbeth noch mit Muskelkater zu kämpfen hatte. Zweimal so eine Tour in einer Woche, das war wohl selbst für sie zu viel. Mehrfach ließ sie sich ein wenig zurückfallen.

Am Abend, als die Gruppe im Hotel eintraf und Herbert die Häupter seiner Lieben zählte, um jedem seinen Zimmerschlüssel auszuhändigen, fehlte Hiltrud.

»Die konnte schon seit einiger Zeit nicht richtig Anschluss halten«, wusste Marianne. »Aber sie meinte, ich würde staunen, wie schnell sie uns wieder einholen könne. Also dachte ich, sie sucht nach einem geeigneten Örtchen für eine PP.«

Herbert hielt es gar für möglich, dass sie sich vor etlichen Kilometern für eine falsche Abzweigung entschieden hatte. Sie sei von der geplanten Route abgewichen. Er habe ihr zugewinkt und gerufen, sie möge aufpassen, damit sie sich nicht verradle. Aber auch er war von einem Abstecher zum Pinkeln ausgegangen und wollte dabei natürlich nicht stören.

So beschloss die Gruppe, noch eine halbe Stunde zu warten, bis sie ernsthaft anfangen wollte, sich um Hiltrud Sorgen zu machen.

Doch auch eine Stunde später war sie nicht eingetroffen. Manfred und Herbert beschlossen, sich als Suchtrupp auf den Weg zu machen.

»Vielleicht hatte sie eine Panne.«

»Bei so einem nigelnagelneuen Bike können sich Schrauben lockern. Hatte sie denn Werkzeug dabei?«

»Ich habe keines gesehen. Und wer würde einer Zicke wie Hiltrud freiwillig helfen?«

»Mag sein, die Hose hat doch gescheuert.«

Jeder hatte einen mehr oder weniger unfreundlichen Kommentar. Elsbeth bedauerte sehr, dass Hiltrud all die Boshaftigkeiten nicht hören konnte. Aber im Grunde war sie ganz zufrieden, wenngleich sie das Maß an Aufmerksamkeit, das man dieser Giftnudel gönnte, völlig überzogen fand.

»Auf jeden Fall sollten wir die Polizei informieren. Die Beamten helfen sicher beim Suchen.«

Drei Stunden nach dem Eintreffen der Fahrradlüstlinge hielt ein dunkler Wagen vor dem Hotel. »Die von Ihnen vermisste Frau wurde von unseren Beamten gefunden«, stellte der große Mann fest, der sich als Hauptkommissar Peter Nachtigall vorgestellt hatte. »Wenige Kilometer von hier lag sie im Unterholz. Ersten Untersuchungen zufolge wurde sie ermordet.«

Die Damen der Runde stießen kollektiv einen spitzen Schrei aus, die Herren brummten, husteten nervös.

»Wir versuchen uns nun ein Bild von ihren letzten Stunden zu machen, möchten von Ihnen gern wissen, was für ein Mensch Hiltrud Pelzig war. Bitte erzählen Sie uns über sie und den Ablauf dieses Tages.«

Zunächst herrschte verdruckstes Schweigen an der langen Tafel des Gastraumes. Die Gruppenmitglieder warfen sich unsichere Blicke zu. Doch nachdem Herbert – gegen den Schreck und für die Nerven – eine Runde Wein bestellt hatte, lockerten sich die Anspannungen ein wenig.

Der Verlauf der heutigen Tour war schnell zusammengefasst, vom ersten Treffen am Morgen bis zum Bemerken des Verschwindens von Hiltrud.

»Und was für ein Mensch war Frau Pelzig?«, blieb Nachtigall hartnäckig.

»Hiltrud war schon schwierig. Wollte immer angehimmelter Mittelpunkt jeder Zusammenkunft sein. Keinen Mann konnte sie länger als fünf Minuten in Ruhe lassen.«

»Intrigant war sie. Hat gern den anderen neben sich aussehen lassen wie ein Stück Dreck.«

»Halt! Das kann man so nicht sagen!«, protestierte Herbert. »Sie war auf ihre Wirkung bedacht – aber das sind doch alle Frauen. Irgendwie.«

Der schwere Kriminalhauptkommissar präzisierte seine Frage. »Gab es jemanden, der sie so sehr hasste, dass er sie ermorden würde?«

An dieser Stelle wurde eine zweite Runde Wein notwendig.

»Nun, da kommen sicher einige in Frage. Aber von unserer Radtour wussten bloß wenige. Die genaue Strecke kannte nur Herbert. Er hat das gut durchgeplant und jedem eine Karte ausgehändigt, damit keiner verloren geht. Heute früh am Schwimmbad.«

»Das bedeutet, der Täter kannte den Weg ebenfalls oder Frau Pelzig ist ihm auf der Strecke irgendwo zufällig begegnet.« Nachtigall runzelte die Stirn. »Vielleicht hatte sie sich abseits des Weges mit jemandem verabredet?«

Fragende Blicke flitzten um den Tisch.

»Zum Beispiel über ihr Handy«, half der Hauptkommissar weiter. »Hat sie telefoniert?«

Draußen auf dem Parkplatz hielt ein Wagen. Elsbeth beobachtete die Szene durch die Scheibe ohne zu sehen. Bekam eine Sequenz der Befragung nicht mit, die Stimmen rauschten körperlos und ohne Sinn im Hintergrund. Aus dem schnittigen Flitzer stieg ein Pärchen.

Der Mann legte besitzergreifend den Arm um die Taille seiner Begleiterin.

War das … Jürgen?

Mit seiner Frau?

Elsbeth spürte die Wut durch ihren Körper brennen. Dieser vermaledeite Feigling! Er wollte doch …

»Elsbeth! He! Bist du noch bei uns oder hast du dich ausgeklinkt?« Ein Ellbogen rammte sich in ihre Rippen.

Erschrocken fuhr sie zusammen.

»Entschuldigung. Haben Sie mich gefragt?«

Peter Nachtigalls Miene blieb unergründlich, als er nickte. Hatte er die Szene vor dem Fenster ebenfalls beobachtet?

Quatsch!, Elsbeth schüttelte sich, als sei ihr kalt. Er konnte von ihrer Liebe zu Jürgen nichts wissen.

»Sie sind ein Stück nebeneinander gefahren. Haben Sie sich bei dieser Gelegenheit mit Hiltrud Pelzig unterhalten?«

»Nein. Sie hatte miese Laune. An einem Gespräch war sie nicht interessiert.«

»Als sie abbog, haben Sie sich nicht gewundert?«

»Abbog? Da war ich sicher nicht mehr mit ihr gemeinsam unterwegs. Mir ging ihr trotziges Schweigen auf die Nerven. Also trat ich kräftig in die Pedale und schloss zu den anderen auf«, erklärte Elsbeth unglücklich und legte etwas mehr Dramatik in ihre Mimik, als sie tatsächlich empfand, warf die Arme in einer hilflosen Geste in die Luft. »Wäre ich doch nur bei ihr geblieben!«

»Sie haben für heute Nacht hier Zimmer gebucht. Ich möchte Sie bitten, sich dorthin zurückzuziehen. Wir werden Sie nacheinander zu einem Einzelgespräch abholen.«

Murrend löste sich die Gruppe auf.

Elsbeths Überlegungen waren zu einem Abschluss gekommen. Sie wusste nun, warum Jürgen seine Frau mitgebracht hatte. Ganz gewiss wollte er noch ein letztes Mal mit ihr essen gehen und ihr dann später von Elsbeth, der geplanten Trennung und seinen Hochzeitsplänen erzählen.

Gut, mahnte ihre innere Stimme grantig, ganz so zärtlich hätte er seine zukünftige Ex nicht in den Arm zu nehmen brauchen! Diese Art des Liebesbeweises war ab sofort ihr vorbehalten!

Die Angelegenheit hatte sich sicher nur ein bisschen verzögert. Jürgen musste einen guten Grund dafür haben.

Und wo hatte er sein Rad?

In den Flitzer passte das nicht – wollte er die zweite Etappe etwa auch nicht mitfahren?

Als sie auf der Bettkante saß, dachte sie an die Fotos der toten Hiltrud. Eigentlich hätte sie ein wenig Freude empfinden wollen. Schließlich war sie eine widerliche Person und der Tod war nicht unverdient. Im Gegenteil. Endlich tot! Doch das viele Blut – je länger sie sich die Bilder vom Tatort in Erinnerung rief, desto stärker wallte die Übelkeit auf.

Was mochte dieser Hauptkommissar die anderen nur fragen?

Welche Antworten bekam er wohl?

Der Dauerzwist zwischen ihr und Hiltrud war nicht einmal ein offenes Geheimnis. Jeder, wirklich jeder wusste davon. Ein ewiges Gesprächsthema – schon seit Jahren! Geriet sie dadurch etwa unter Verdacht? Quatsch, beruhigte sie sich, niemand konnte so etwas von ihr denken. Nicht ernsthaft!

Und doch sprang sie elektrisiert auf, als es klopfte.

Vor der Tür stand der junge Kommissar. »Würden Sie mich bitte begleiten?«

Elsbeth war beeindruckt. So ein Höflicher. Wo das doch in seiner Generation nicht als in galt.

Sie nickte. Folgte ihm über die Treppe nach unten.

Der Wirt verfügte offensichtlich über viele kleine Räume neben der eigentlichen Gaststube. Erst jetzt fielen ihr die Türen auf, die vom Eingangsbereich abgingen.

Peter Nachtigall begrüßte sie mit Handschlag, bot ihr den freien Stuhl ihm gegenüber an. Etwas umständlich nahm sie Platz. Die Nerven zum Zerreißen gespannt.

Auf dem Tisch lagen zwei der Tatortfotos.

»Ich weiß, es ist für Sie belastend, diese Fotos ansehen zu müssen, aber wir möchten wissen, ob der Täter nach dem Mord etwas an seinem Opfer verändert hat. Es ist wichtig.«

Elsbeth tat ihm den Gefallen. Nahm die Bilder in die Hand und studierte sie sorgfältig.

»Fehlt vielleicht etwas?«, erkundigte sich der Ermittler mit gedämpfter Stimme, als läge die Tote im Raum und er wolle ihre Ruhe nicht stören.

»Na ja, so auf den ersten Blick …«, begann sie vage.

»Hat der Täter vielleicht Schmuck mitgenommen?«

Elsbeth gucke noch einmal genauer. »Hiltrud trägt normalerweise einen goldenen Ring mit einem blauen Stein. Den sehe ich hier nicht. Aber der muss ja nicht fehlen – vielleicht trug sie ihn heute nicht.«

Der große Mann legte eine goldene Kette auf den Tisch.

Elsbeths Hände zuckten an ihren Hals, sie konnte die Bewegung nicht stoppen.

Natürlich hatte er es bemerkt.

»Das ist Ihre Kette, nicht wahr?«, fragte er dann beinahe flüsternd. »Wir haben sie im Haar der Toten gefunden.«

»Aber das ist unmöglich!«, schrie Elsbeth auf und erkannte im selben Augenblick die schreckliche Wahrheit, das ganze Ausmaß des Komplotts.

Jürgen, dieses Schwein!

Er hatte sich von ihr die Kette geben lassen, damit der Juwelier einen farblich passenden Stein auswählen und einen Verlobungsring anfertigen könne. Das würde er natürlich vehement abstreiten. Auf seinen dringenden Wunsch hin hatte sie auch niemandem erzählt, dass die Kette, die von den anderen gebührend bewundert wurde, ein Geschenk von ihm war. Oh mein Gott! Er hatte Hiltrud … und dann die Kette … zwei Fliegen mit einer Klappe.

Beide Geliebte außer Gefecht gesetzt und die Gattin behalten.

Das glaubt mir doch kein Mensch!, dachte Elsbeth, keiner! Alle wissen, wer den Mord begangen hat: die eifersüchtige, sexuell unbefriedigte Frau, die sich eine Beziehung zu Jürgen nur eingebildet hatte! Hiltrud musste sterben, weil die Stalkerin glaubte, was Hiltrud alle glauben machen wollte: dass sie eine Affäre mit Jürgen hatte.

»Herr Jürgen Markow fühlt sich seit Monaten von Ihnen regelrecht verfolgt. Deshalb wollte er zur zweiten Etappe der Tour auch seine Frau mitbringen. Damit Sie endlich einsehen, dass er glücklich verheiratet ist.« Es entstand eine Pause. Elsbeth schwieg, konnte auf den Schreck hin gar nichts sagen. Schreien wollte sie, laut hinausschreien, dass Jürgen sie hintergangen hatte! Alles nur seine Idee war, er Hiltrud aufgelauert hatte, als die Gruppe schon weitergefahren war. Doch die Lippen waren wie verklebt, ließen sich nicht bewegen.

»Wir haben einen Zeugen, der in der letzten Woche in der Nähe der Stelle, an der wir die Tote gefunden haben, eine Radfahrerin beobachtet hat, die sich auffällig verhielt. Wir denken, Sie könnten diese Frau gewesen sein. Sie sind die Tour schon einmal gefahren. Um eine günstige Stelle für den Mord zu finden? Möchten Sie uns jetzt erzählen, was heute passiert ist, nachdem Hiltrud Pelzig abgebogen war?«, hörte sie die angenehme Stimme des Hauptkommissars von fern.

FREIZEITTIPPS:

65 Lagune: Sport- und Freizeitbad in Cottbus, seit 2007 in Betrieb, Sportbecken, Saunalandschaft Wellenbecken, Außenpool und ausgedehnte Grünanlage Riesenrutsche und vieles mehr, Kurs- und Wellnessangebote, Schwimmkurse.

66 Gurkenradweg: 250 km langer Rundweg, durch den Spreewald. Namensgeber war die Spreewaldgurke, die man allgemein mit dieser Region verbindet, der Weg kann in Etappen befahren werden, im Internet unter www.spreewald.de finden sich fünf Etappenvorschläge mit unterschiedlicher Länge.

67 Peitz, sorbisch Picnja wurde um 1300 erstmals erwähnt. Mitte des 16 Jhd. begann man damit eine Festung zu errichten. 5000 Morgen Teichlandschaft zu deren Flutung der Hammergraben angelegt wurde, sollten zusätzlichen Schutz bieten. Eisenhütten- und Hammerwerk und Museum mit erhaltenem Hochofen, Hammerstrom vor dem Hammerwerk, Fischwirtschaft.

68 Ausgedehnte Zuchtteiche für Karpfen, einmal im Jahr ist Fischerfest, Kormorane jagen dort ebenfalls, die Vögel kann man beim Jagen beobachten.

69 Der historischer Ortskern, der sich um Kirche und Markt gruppiert, sowie der Festungsturm erbaut von Rochus von Lynar sind erhalten.

70 Das älteste noch funktionsfähige Eisenhüttenwerk in Deutschland, hier wurde in verschiedenen Öfen Raseneisenstein zu Guss- und Schmiedeeisen geschmolzen und weiterverarbeitet. Geräte für die Bearbeitung der Äcker entstanden daraus, aber zeitweilig auch Kanonenkugeln für die brandenburgisch-preußische Armee.

71 Dissen: Heimatmuseum neben der Fachwerkkirche, sorbisch-wendische Bauernkultur, 20 Varianten der Niedersorbischen Tracht werden gezeigt.

72 Briesen, Kirche mit spätmittelalterlicher Wandmalerei, die die Passion Christi darstellt.

73 Werben gehört zu den ältesten Dörfern des Spreewaldes, Werben bedeutet auf Sorbisch Weide. Die Backsteinkirche mit weißer Turmspitze wird Gemüsekirche genannt, weil Feldfrüchte in der Deckenmalerei dargestellt sind, ein altes Schul- und Lehrerwohnhaus findet sich in der Schulstraße.

74 Bismarckturm, 1915-1917 errichtetes Bismarck-Denkmal auf dem Schlossberg bei Burg. Höhe etwa 30 Meter.

75 Der Biberhof ist eine Ausflugsziel für die ganze Familie. Neben freilaufenden Tieren können sich die Besucher auch in den Gehegen Tiere ansehen, ein Aquarium lädt zu Unterwasserbeobachtungen ein.

76 Kahnhafen Burg Dorf, Spreehafen. Von hier aus starten Kahntouren, können Radtouren beginnen, Paddelboote geliehen werden. Auf geführte Touren werden angeboten.

77 Alter Spreewaldbahnhof, ein Restaurant mit besonderem Flair, Getränke werden per Bahn an die Tische geliefert.

78 Kräutergarten Burg: Auf einer Fläche von 4 ha kann man eine große Zahl von Wild-, Gewürz- und Heilpflanzen entdecken. Ein Insektenhotel als sicherer Unterschlupf für die Tiere und viele Dinge mehr sind zu entdecken. Fortbildungsveranstaltungen zum Thema Pflanzen- und Obstanbau finden regelmäßig im Kräutergarten statt.

79 Von Maiberg aus ist ein Abstecher in die Spreeauen möglich, wo Auerochsen, Wasserbüffel und-Tarpane leben.

MUSIK IST SEIN LEBEN

Gunnar Ture von Ölstein kehrte mit einer ungewissen Ahnung aus dem Urlaub zurück, einem unguten Vorgefühl, das ihn schon vor der Abreise erfasst hatte. Er war deswegen schon gar nicht gern losgefahren, und das Gefühl einer nahenden Katastrophe hatte ihn in den drei Wochen nicht einen Moment zur Ruhe kommen lassen. Der Umstand, dass er bei einem Kontrollanruf erfuhr, seine Hauswirtschafterin sei gestürzt, habe sich das Bein gebrochen und sei krankgeschrieben, trug nicht so recht zu einer Beruhigung bei, zumal sie ihm erklärte, es sei alles geregelt, eine Vertretung kümmere sich in der Zwischenzeit um Haus und Garten.

»Eine Vertretung?«, hatte er alarmiert nachgehakt und erfahren, ja, es sei eine außerordentlich kompetente junge Frau, die umsichtig alles in seinem Sinne regele, schließlich habe sie, Ulrike, die nun schon seit fast 20 Jahren seinen Haushalt führe, sie eingewiesen. Er bräuchte sich keine Sorgen zu machen. Alles aufs Beste geregelt.

Gunnar war fassungslos.

Eine Fremde in seinem intimen Bereich! Von jeher legten die von Ölsteins großen Wert auf den Schutz ihrer Privatsphäre – und jetzt sollte er akzeptieren, dass fremde Hände seine Wäsche, Bekleidung, Bücher, ja seine wertvollen Schätze anfassten, sie berührten womöglich die Sammlung Notenhefte, die Handschriften berühmter Komponisten – und am Ende gar das Saxophon. Dieser erschreckende Gedanke hatte ihm den Schlaf geraubt. Immer wieder kämpfte er gegen aufsteigende Übelkeit, wenn er daran dachte, dass diese Vertretung … grauenhaft.

Und nun war unübersehbar, wie begründet seine Besorgnis war.

Das wertvollste Stück seiner Sammlung – es war verschwunden.

Nur noch der Sockel stand im verebbenden Licht des Tages vor der Terrassentür – anklagend reckten sich die metallenen Halterungen ins Leere, als versuchten sie das einzufangen, was man ihnen entrissen und geraubt hatte. Gunnar schnappte nach Luft. Sah sich im Raum um, konnte das wunderbare Instrument nirgendwo entdecken. Von seinen Gefühlen übermannt, fiel er in den Sessel aus weißem Kalbsleder, dessen Stahlkonstruktion die Reflexionen der goldglänzenden Oberfläche des unersetzlichen Stücks zurückwerfen sollte, und begann hemmungslos zu schluchzen.

Ihm war sofort klar, was passiert sein musste.

Sein Nachbar! Dieser Widerling, der ihn seit so vielen Jahren nervte, piesackte, drangsalierte, quälte – dieser bildungsferne und kulturphobe Mensch hatte das Instrument gestohlen. Nur aus einem einzigen Grund: Damit Gunnar sich ärgerte, litt, sich grämte.

Selbstverständlich alarmierte Herr von Ölstein umgehend die Polizei.

»Ein Saxophon?«, fragte der junge Beamte, der einen eher plumpen Körperbau und einen ebensolchen Verstand hatte. »Wie sah es denn aus?«

Gunnar warf dem Mann einen verständnislosen Blick zu. »Wie soll es denn ausgesehen haben? Es handelt sich um ein Saxophon. Goldglänzend.«

»Na«, lobte der Beamte, »das ist doch schon mal was. Vielleicht fällt Ihnen noch mehr ein. Schließlich haben Sie das Ding praktisch jeden Tag gesehen, da prägt sich das eine oder andere Detail sicher ein.«

»Es handelt sich um ein Instrument. Genau genommen um ein Blasinstrument, aus der Gruppe der Holzblasinstrumente«, seufzte der Musiker desillusioniert. »Es ist aus Metall, glänzt golden, hat unten einen Knick«, was Gunnar Ture mit einer Handbewegung andeutete. »Dieses Saxophon ist sehr wertvoll. Es hat James Last gehört, damals, als er die ersten Konzerte mit der Band gespielt hat. Es ist etwas ganz Besonderes. Besonders teuer war es auch. Ich habe es bei einer Auktion ersteigert. Für ein kleines Vermögen. Schon vor ein paar Jahren. Heute ist es natürlich viel mehr wert.«

»Ach«, staunte der Beamte, »das steigt im Wert wie eine Aktie? Und wieso Holzblasdings – ich denke, es ist aus Metall.«

Der Musiker seufzte tief. Fragte sich, wie er nach diesem Stress das Konzert im Konservatorium Cottbus 80 Ende der Woche über die Bühne bringen könne, bei der Zerrüttung seiner Nerven keine einfache Aufgabe. Sein Publikum würde doch sofort merken, dass mit ihm etwas nicht stimmte. Er war sensibel. Ganz gewiss wäre seine Konzentrationsfähigkeit so stark beeinträchtigt, dass er das Konzert verpatzte. Seine Stimme …

»Haben Sie darauf gespielt? Blasinstrument. Also hat schon vor Ihnen jemand das Dings im Mund gehabt oder?«

»Wenn ich es hätte spielen wollen, wäre es möglich gewesen das Mundstück auszutauschen«, knirschte der Sänger zwischen den Zähnen hervor. Seufzte erneut. Strich mit dem Handrücken über seine Stirn. So konnte das nicht weitergehen, diese Situation war seltsam surreal. »Hören Sie«, begann er mit der Erklärung, die alle psychische Belastung von ihm nehmen sollte, »ich weiß, wer das Instrument entwendet hat. Mein Nachbar, das missgünstige Subjekt. Der fühlt sich durch mein Üben belästigt! Ha! Als der Kerl sein Haus baute, wusste er sehr genau, wen er zum Nachbarn haben würde. Und natürlich muss ein Musiker sein Repertoire üben! Sonst beherrscht er es nicht. Aber das wollte der Herr nicht einsehen. Also klagte er gegen mich. Mich! Das nutzte ihm nichts. Der Richter sah ein, dass nur regelmäßiges Training die Qualität eines Musikers sichern kann. Stimmübungen seien für einen Tenor unerlässlich. Aber der Kerl gab keine Ruhe. Schikanierte mich, wo er nur konnte. Parkte sein Auto so am Straßenrand, dass ich nicht aus der Garage fahren konnte. Selbstverständlich an einem Konzertabend. Und natürlich war er nicht zu Hause, konnte seine Schrottkarre nicht wegfahren! Ich war gezwungen, ein Taxi zum Staatstheater [81] zu nehmen. Die Kosten dafür musste ich selbst tragen, der Veranstalter meinte, das falle nicht in seine Zuständigkeit. Bodenlos! Ich gebe ein viel bejubeltes Konzert und die Hälfte der Gage geht für das Taxi drauf! Sehr witzig!«

»Vielleicht hat der Nachbar nicht übersehen, wie stark Sie sein Wagen behinderte. Es war doch sicher keine Absicht.« Offensichtlich hatte der Beamte einen Kurs zum Thema Deeskalation besucht.

Der Blick, mit dem Gunnar Ture den Beamten bedachte, triefte vor arrogantem Mitleid mit der unbeschreiblichen Dummheit des Mannes. »Natürlich war es Absicht! So wie der Haufen Erde, der fälschlich vor meine Garage gekippt wurde, die Ladung Pferdemist, ebenfalls ein Versehen. Und nur an Abenden, an denen ich ein Engagement hatte. Zum Beispiel bei der Schlössertour. Muskau [82] und Branitz [83] an einem Sonntag. Wenn ich übte, rückten drüben Bagger an, der Rasen wurde mit so einem kleinen Traktor gemäht. Sabotage!«

Besorgt registrierte der Polizist, wie sich das Gesicht des offensichtlich berühmten Mannes tiefrot verfärbte, und beschloss, beruhigend auf ihn einzuwirken.

»Sie sollten versuchen, diesen Zwist in einem persönlichen Gespräch beizulegen.«

Ach, dachte der Bestohlene bitter, Therapeut ist das Bürschchen auch noch!

»Wie stellen Sie sich das denn vor? Mit dieser Kreatur kann man nicht vernünftig reden. Das ist vollkommen ausgeschlossen. Das ist ein echter Kulturbanause – da ist jeder Versuch zum Scheitern verurteilt. Probieren Sie es einfach selbst, überzeugen Sie sich von seiner Ignoranz. Sagen Sie ihm doch, dass Sie genau wissen, dass er mein Saxophon hat, er soll es sofort rausrücken. Der Kerl ist eine einzige Zumutung! Sie werden scheitern.«

Der Beamte glaubte nicht an das Orakel.

Er stapfte hinüber, klingelte bedächtig. Wartete schweigend. Wippte von den Fersen auf die Zehenspitzen und wieder zurück, unterzog dabei die Kappen seiner Schuhe einer gründlichen Inspektion.

Die Tür wurde unerwartet heftig aufgerissen.

Der Beamte taumelte zwei Stufen hinunter und wäre sicher schwer gestürzt, hätte er nicht gerade noch rechtzeitig das Geländer zu fassen bekommen.

Als er sich etwas gesammelt hatte, sah er in die blitzenden Augen eines Mannes mit hochrotem Gesicht und Bart.

»Er hat also die Polizei vorgeschickt!«, polterte der Mund, der zwischen den Barthaaren kaum zu sehen war. »Und Sie lassen sich von diesem miesen Kerl auch noch benutzen! Unfassbar! Die Polizei als Handlanger des Bösen! Habe ich etwa mein Fahrrad zu weit über der Grundstücksgrenze stehen und das behindert den feinen Herrn jetzt beim Trällern?«

Der Beamte erkannte, dass sein Deeskalationsansatz hier nicht fruchten würde.

»Bei Ihrem Nachbarn wurde ein wertvolles Instrument entwendet. Ein Saxophon. Ich wollte fragen, ob Sie vielleicht …«

»Der Dieb sind! Ja, das hat er sich fein ausgedacht. Wenn ich ein Instrument lernen will, kaufe ich mir eines. Die Dinger, die er hat, sind doch alle benutzt! Ich blase doch nicht auf einem Teil rum, das andere schon in der Fresse hatten!«

»Die Mundstücke kann man austauschen.« Die Erklärung war fehl am Platze, und der junge Mann bemühte sich sofort um Schadensbegrenzung. »Haben Sie jemanden beobachtet, der sich im Haus nebenan zu schaffen gemacht hat?«

»Nein! Und selbst wenn: Den Einbrecher würde ich gern vor euch in Schutz nehmen! Aber der einzige Eindringling, der mir dort drüben aufgefallen ist, war seine neue Putzfrau. Lecker Persönchen – aber völlig unnahbar. Hat nur durch mich durch gesehen, als wäre ich nicht da und hätte nicht versucht, mit ihr ins Gespräch zu kommen – und was soll ich Ihnen sagen: Kein Wort. Nie. Nicht einmal tschüss.«

»Sie war nur eine Vertretung. Sie ist taubstumm«, erklärte der Beamte stoisch. Hier würde er keine verwertbare Information bekommen. Er nickte dem Mann zu und kehrte zu Gunnar Ture von Ölstein zurück.

Drei Tage später wurde der Heldentenor aus dem Schlaf gerissen.

Jemand klingelte Sturm.

»Das darf doch nicht wahr sein. Nun habe ich mein Haus so weit an den Rand von Luckau gebaut, damit ich meine Ruhe habe! Erst siedeln sich hier Spinner an, und nun läutet es auch noch dauernd!«

Stöhnend wälzte sich Ölstein aus dem Bett, schlüpfte in einen seidenen Kimono und öffnete.

Vor der Tür stand die Polizei. Diesmal die Kriminalpolizei. Der Mann, der sich als Peter Nachtigall vorstellte, machte ein ausgesprochen ernstes Gesicht und sah streng auf den Konzertsänger hinunter.

»Ihr Nachbar wurde tot aufgefunden. Haben Sie etwas beobachtet?«

»Was? Der Kerl ist tot? Wahrscheinlich ein Opfer des Alkohols. Ein elender Säufer!«

»Eher nicht. Wo waren Sie gestern Abend zwischen 19 und 23 Uhr?«

»Wollen Sie nicht reinkommen? Mir ist kalt«, beschwerte sich Gunnar Ture und zog den Schal fest um seinen Hals. Die beiden Beamten traten ein.

Nachtigall betrachtete interessiert die Halterung, in der das wertvolle Saxophon hätte stehen sollen.

»Wir haben von dem Diebstahl gehört. Ein herber Verlust für Sie. Nicht nur finanziell, meine ich. Das Instrument hat Ihnen viel bedeutet.«

»Ja. Aber nun werden Sie es sicher zwischen all dem Krempel bei meinem Nachbarn finden. Hoffentlich hat er es wenigstens so gelagert, dass es nicht beschädigt wurde!« Die Augen des Sängers weiteten sich einen Moment vor Schreck, als er sich ausmalte, die Beamten könnten das kostbare Saxophon zerkratzt und verbeult zwischen allem möglichen Unrat herausfischen.

»Wir werden danach suchen. Die Antwort auf meine Frage steht noch aus: Wo waren Sie gestern Abend zwischen 19 und 23 Uhr?«

Ölstein musste nicht lange überlegen. »Ich wähnte dem Ärger hier entfliehen zu können, indem ich Ablenkung bei Kollegen suchte. Das war wohl ein Irrtum, der Ärger ist schon vor dem Frühstück wieder zurück. Den gestrigen Abend verbrachte ich in Cottbus mit einem Besuch der Theaternative C **84**. Ein lose verbundener Reigen trivialer Musikstücke, die ins Ohr gehen und mich abzulenken vermochten. Natürlich kein Opernniveau.« Er verzog den Mund leicht abschätzig, unterstrich die Worte mit arrogantem Habitus.

Der Künstler hatte in einem der weißen Ledersessel Platz genommen.

Nachtigall ging in dem großzügig geschnittenen und lichtdurchfluteten Raum gemächlich auf und ab.

»Die Eintrittskarte haben Sie sicher noch?«

»Wohl nicht. Man kennt mich und gewiss erinnert man sich meiner.« Ölsteins blasierter Ton begann den Hauptkommissar zu ärgern. »Aber warum soll ich Ihnen gegenüber nachweisen, was ich am gestrigen Abend unternommen habe? Nur weil mein widerlicher Nachbar endlich gestorben ist, sehe ich nicht zwingend eine Notwendigkeit, mich mit derartigen Fragen zu belästigen. Nehmen Sie Rücksicht auf meine Nerven! Ich habe in dieser Woche noch zwei Auftritte, im Amphitheater **85** und der Bunten Bühne **86**. Der Tod dieses Tropical Island **87** Besuchers von nebenan ist mir – abgesehen davon, dass Sie mein Saxophon finden werden – vollkommen gleichgültig.«

»Tatsache ist, dass Sie mit Ihrem Nachbarn im Dauerclinch lagen. Zuletzt beschuldigten Sie ihn sogar, ein wertvolles Instrument aus ihrem Haus entwendet zu haben – während Ihres Urlaubs!«

»Das stimmt. Ich bin sicher, dass er die Gelegenheit genutzt hat. Es gibt viele Dinge von Wert in meinem Haus, aber dieses Saxophon ist ein Herzensding. Er wusste das. Deshalb hat er die Situation – nämlich die Krankschreibung meiner Hauswirtschafterin – schamlos ausgenutzt, um es zu stehlen.«

»Ihr Nachbar ist keines natürlichen Todes gestorben.«

»Nicht?« Der Tenor wurde um einiges blasser, der Teint geradezu durchscheinend. Die Nase stach spitz wie ein Schnabel aus seinem Gesicht hervor.

»Nein. Jemand hat ihn ermordet.«

»Wie wurde er ….«, offensichtlich emotional erschüttert brach von Ölstein den Satz ab, ließ ihn unvollendet, bemühte sich um eine angemessene Mimik.

»Sie werden verstehen, dass ich nicht ins Detail gehen kann«, antwortete Nachtigall zurückhaltend, »aber es war unübersehbar, dass jemand besonders gründlich vorgehen wollte. Es sollte eine endgültige Lösung sein – und die war es dann auch.«

»Erstochen? Erschlagen? Verstümmelt? Du liebe Zeit, nun haben Sie sich doch nicht so! Sie fallen mit einer Leiche ins Haus und sind dann nicht bereit, mein voyeuristisches Verlangen zu befriedigen! Das ist nicht fair.«

»Ich bin kein Freund von Gaffern«, gab der Hauptkommissar schlicht zurück. »Haben Sie nun das Ticket noch – oder muss ich in der Theaternative nachfragen?«

Gunnar Ture von Ölstein stemmte sich ächzend aus dem Sessel und schlurfte in den Flur. »Wahrscheinlich steckt es in der Innentasche des Mantels, den ich gestern getragen habe.«

»Vielleicht haben Sie bei Ihrer Rückkehr aus Cottbus etwas Ungewöhnliches bemerkt. Brannte noch Licht im Nachbarhaus, obwohl es sonst um diese Zeit dunkel ist? Oder kam Ihnen jemand auf der Straße entgegen, der Ihnen fremd war?«

Aus dem Eingangsbereich war unterdrücktes Fluchen und leises Gezeter zu hören.

»Nein!«, antwortete von Ölstein zornig.

»Aber jemand, der hier nicht hergehört, der wäre Ihnen doch aufgefallen?«

»Na, dann hätte er sich schon direkt vors Auto werfen müssen! Es war stockdunkel!«

Der Tenor erschien wieder im Wohnraum und meinte aggressiv: »Ich kann das verfluchte Ding nicht finden. Hätte ich gewusst, dass mein lieber Nachbar gewaltsam ins Gras gebissen wird, hätte ich sicher darauf geachtet, es aufzubewahren!« Seine Stimme triefte vor Sarkasmus.

»Sie meinen, man kann uns dennoch bestätigen, dass Sie den Abend dort verbracht haben?«

»Selbstverständlich. Man kennt mich!« Gunnar Ture von Ölstein warf sich in die Brust.

»Wann haben Sie Ihren Nachbarn eigentlich zum letzten Mal gesehen?«, erkundigte sich Nachtigall in beiläufigem Ton.

»Oh – als ich gestern im Garten war. Er ging hinter dem Wohnzimmerfenster auf und ab, wie üblich das Handy am Ohr.«

»Das konnten Sie so genau sehen?«

»Das Licht brannte.« Von Ölstein zuckte mit den Schultern. »Und vor dem Fenster zum Garten hat er nicht einmal eine Gardine.«

Es klingelte.

Von Ölstein zuckte nervös zusammen.

»Das sind sicher meine Kollegen«, informierte ihn der Hauptkommissar. »Die bringen einen Durchsuchungsbeschluss mit. Wir möchten uns nämlich bei Ihnen umsehen.« Er lächelte beinahe entschuldigend.

Der Tenor empfand dieses Vorgehen als Affront. Während er zornig zur Tür stampfte, was in den weichen Hausschuhen gar nicht so einfach war, rief er empört: »Das sollten Sie lieber drüben machen! Sich bei mir umzusehen hat keinen Sinn! Hätte ich das Saxophon bei mir, hätte es gar keinen akuten Ärger mit ihm gegeben. Der Dieb wohnt nebenan!«

»Wir suchen keinen Dieb, sondern einen Mörder«, stellte Nachtigall ruhig klar.

Der Sänger riss die Tür auf. »Immer rein!«, brüllte er die überraschten Beamten an, riss den Beschluss an sich und gab den Eingang frei.

»Wenn ich diesen Widerling hätte umbringen wollen, wären dazu schon viele Gelegenheiten gewesen! Was glauben Sie denn, wen Sie hier vor sich haben?«, schimpfte er, als er ins Wohnzimmer zurückkehrte. Das stille Haus war plötzlich von Geräuschen erfüllt. Türen wurden geöffnet und geschlossen, Schranktüren quietschten in den Angeln, Füße trampelten die Treppe hinauf und hinunter, laute Stimme riefen sich Informationen zu.

»Dann erklären Sie mir, warum Sie mit dem Mord bis gestern gewartet haben«, schlug der Ermittler ungerührt vor. »Es ging um das Saxophon, nicht wahr? Sie haben bei ihm geklingelt und ihn zur Rede gestellt, doch er hat sie ausgelacht, alles abgestritten. Da ist Ihnen der Kragen geplatzt.«

»Nein! Ich weiß doch seit Jahren, dass es sinnlos ist, mich direkt mit dem Kerl auseinanderzusetzen! Nie würde ich bei ihm geklingelt haben. Ich wollte ihm meinen Anwalt schicken – in dessen Kanzlei lief nur ein Band, er hatte einen Termin bei Gericht. Also hinterließ ich eine Nachricht, schilderte die Vorfälle und bat um Rückruf. Sicher wird er sich im Laufe des Tages bei mir melden. Auch wenn ich zugeben muss, dass diese Fälle von Nachbarschaftsstreitigkeiten ziemlich unbefriedigend sind. Für alle Beteiligten übrigens.«

»Sie sollten sich um einen guten Strafverteidiger kümmern.«

»Wozu? Ich habe nichts getan!«, beharrte von Ölstein und verschränkte trotzig die Arme vor der Brust und bemühte sich sichtlich um Contenance. »Aber Sie und Ihre Leute sollten sich auf Ärger gefasst machen. Bei meinem emotionalen Zustand sehe ich nicht, wie ich heute einen Auftritt im Senftenberger Theater bestreiten soll. Die Kosten des Veranstalters für die Absage wird man Ihrer Behörde in Rechnung stellen«, erklärte er gehässig.

»Sie waren gestern bei Ihrem Nachbarn. Der Disput eskalierte zu einem handgreiflichen Streit. Den haben nur Sie überlebt. Sehen Sie, in wenigen Minuten kann ich beweisen, dass Sie am Tatort waren.« Nachtigall blieb äußerlich ruhig.

Ein unangenehmes Grinsen zog Ölsteins Lippen breit. »Wie wollen Sie das anstellen? Da ich nicht bei ihm war, können Sie mir auch keinen Besuch beweisen.«

»Mag sein. Ich für meinen Teil gehe davon aus, dass Sie mir selbst erzählen werden, was gestern vorgefallen ist.« Das Handy des Hauptkommissars brummte in der Jackentasche. Er fischte es ungelenk heraus und rief die SMS auf. »Sie haben Recht, man kann sich in der Theaternative an Sie erinnern. Mein Kollege hat dort nachgefragt.«

Gunnar Ture von Ölstein sah sehr zufrieden aus.

»Wie gesagt: Ich bin durchaus bekannt. Zumindest einem kulturbeflissenen Publikum.« Er warf einen kritisch-abschätzigen Blick auf den Ermittler, den er ganz offensichtlich nicht diesem Kreis zurechnete.

»Sie fielen auf, weil einer der Techniker Sie touchierte und dabei in der Pause Rotwein über Ihr Sakko geschüttet wurde. Das Sakko behielt das Theater gleich ein, und heute früh wurde es auf Kosten der Bühne gereinigt.«

»Dann kann ich es also abholen!«, freute sich der Tenor.

»Den Zwischenfall hatte ich ganz vergessen. Das ist eine Folge des Stresses, dem ich nun seit Tagen ausgesetzt bin!«

»Ja. Wenn wir damit fertig sind, können Sie es abholen. Im Augenblick ist das Sakko ein Beweismittel.«

Der trotzige Gesichtsausdruck kehrte zurück.

Der Ermittler wäre nicht im Mindesten verwundert gewesen, hätte der Sänger auch noch mit dem rechten Fuß aufgestampft.

»Sie kamen ein wenig zu spät zur Vorstellung. Wurden aber eingelassen, obwohl die Aufführung schon begonnen hatte.«

»Ja. Ein Hindernis auf der Straße, und dann musste ich auch noch ewig rumkurven, um einen Parkplatz zu finden. Als ich endlich ins Foyer trat, war die Tür zum Zuschauerraum geschlossen und es wurde bereits gesungen. Aber es gab in der hinteren Reihe noch freie Stühle – gleich am ersten Tisch. So ließ man mich ein und ich nahm geräuschlos Platz.«

»Wir haben im Wohnzimmer des Getöteten Gartenerde gefunden.«

»Ach – lassen Sie mich raten! Jetzt werden Sie mir nachweisen, dass sie aus meinem Garten stammt! Prima Ansatz. Ich fürchte aber, es wird keinen Unterschied zu seiner Erde geben.«

»Das denke ich auch. Doch unsere Spezialisten fördern oft Unglaubliches zu Tage. Vielleicht verwenden Sie einen anderen Dünger? Für uns ist der Schuheindruck interessant. Ihr Nachbar war zwar von kräftiger Statur, konnte jedoch weder mit Ihrer Größe noch Ihrer

Kraft mithalten. Wir werden die Schuhgröße bestimmen. Und in der Zwischenzeit suchen meine Kollegen nach dem Schuh.« Nachtigall ließ das kleine Telefon wieder in die Tasche gleiten.

»Ihr Verhalten ist impertinent!« Entrüstet fiel der Sänger in das Polster des Sofas.

Als ein Schlüssel im Schloss der Eingangstür gedreht wurde, fuhr der Künstler erschrocken hoch.

»Wer macht sich da an meiner Tür zu schaffen?«, herrschte er den Hauptkommissar an. »Sind das Ihre Leute? Zu der Tür hat außer mir nur meine Haushälterin einen Schlüssel!«

»Ich habe Ihre Haushälterin angerufen und sie gebeten herzukommen«, erklärte Nachtigall freundlich.

»Ach! Sie konnten sie ans Telefon kriegen? Ich versuche das auch seit drei Tagen. Bei mir ist sie nicht rangegangen«, pumpte von Ölstein.

»Guten Morgen!«, flötete eine weibliche Stimme.

Sekunden später stand die dralle Endvierzigerin im Wohnzimmer.

»Stellen Sie sich nur vor, was man mir vorwirft!«, begann von Ölstein. »Mord!«

Ratlos sah die Haushälterin von einem zum anderen.

»Die vielen Polizeiwagen sind mir auch aufgefallen. Ist der alte Kießlinger tot?«

»Ja. Und er ist nur sehr unfreiwillig gestorben.« Nachtigall war aufgestanden und schüttelte der Frau zur Begrüßung die Hand. »Herzlichen Dank, dass Sie so schnell kommen konnten.«

»Das ging nur, weil Sie mich haben abholen lassen. Mit dem Bein kann ich nicht Auto fahren.« Sie wies auf den wenig dekorativen Gehgips. »Wenigstens geht es auf kurzen Wegen schon mal ohne Krücken.«

»Und das Saxophon wurde gestohlen! Natürlich von ihm! Aber das war nicht anders zu erwarten. Die Vertretung, die Sie geschickt haben, war wohl allzu arglos.«

Den Vorwurf schien die fröhliche Frau nicht gehört zu haben. Jedenfalls verzog sie keine Miene.

»Regina ist sehr zuverlässig, gerade weil sie ein Handicap hat. Sie ist eine langjährige Freundin. Ich habe sie vor Jahren bei einer Bustour nach Skandinavien kennengelernt. Das Haus hat sicher geblitzt, als Sie nach Hause kamen!«

»Ja, alles sauber. Aber das Saxophon war nicht mehr da! Gestohlen! Von ihm!«, insistierte von Ölstein.

»Aber, aber!«, die Frau tätschelte beruhigend den Oberarm des Künstlers. »Das Saxophon ist doch nicht gestohlen. Regina hat es Ihnen doch ganz bestimmt zu verstehen gegeben.«

»Wie? Was heißt, es ist nicht gestohlen?«, die heiseren Worte von Ölstein klangen wie ein furchtbarer Hustenanfall.

»Ich weiß doch, wie sehr Sie an dem Instrument hängen. Also habe ich es weggeräumt.«

»Weggeräumt?«, keuchte der Tenor und sank in die Couch zurück.

Die dralle Frau humpelte aus dem Raum und kehrte

wenig später zurück – mit dem in eine Decke eingewickelten Saxophon.

Fassungslos streichelten von Ölsteins Hände über die makellos glänzende Oberfläche.

»Aber«, stammelte er, »aber ich habe ihn doch spielen gehört! Er hat darauf rumgeblasen – ohne Sinn und Verstand. Lauter schräge Töne. Kein Rhythmus, kein Takt.«

»Das war sicher nicht auf diesem Saxophon. Bestimmt haben Sie seinen Enkel spielen gehört. Der lernt nämlich Klarinette und Saxophon, steht noch ganz am Anfang. Der alte Kießlinger war natürlich nicht gerade begeistert darüber, aber der Junge durfte bei ihm üben«, widersprach die Haushälterin. »Sie wissen das natürlich nicht. Ich habe es nie erzählt, um Sie nicht aufzuregen, aber ich nehme Ihr wertvolles Stück immer mit, wenn Sie in Urlaub fahren. Ist doch eine sehr ruhige Gegend hier. Wenn jemand einbricht, bemerke ich das erst bei meinem nächsten Kommen. Also bringe ich das gute Stück immer in Sicherheit, nehme es mit zu mir und verstecke es in meinem Kleiderschrank. Schließlich würde niemand es dort vermuten.«

»Und warum …?«

»Ich bin auf der Treppe zu Hause gestürzt. Musste ins Krankenhaus. Zwei Operationen. Deshalb kam Regina.«

Mit dem Heldentenor ging eine unglaubliche Veränderung vor.

Blass, grau, eingefallen und zitternd hockte er in einer Sofaecke.

»Ich wusste doch nicht, dass Sie das Instrument in Sicherheit gebracht hatten! Und er spielte doch darauf. Dilettantisch. Regina hätte mir doch wenigstens eine Nachricht zukommen lassen können.«

»Sie kann nicht gut schreiben. Vielleicht hatte sie Angst, sie würde zu viele Rechtschreibfehler machen. So was ist ihr peinlich. Aber nun ist doch alles gut. Das Saxophon ist wieder zurück, und ich werde es sofort an seinen Platz stellen.«

»Ich fürchte, ganz so einfach ist die Sache nicht«, mischte sich nun Nachtigall ein. »Herr Kießlinger wurde schließlich ermordet. Herr von Ölstein, ich nehme Sie vorläufig fest wegen des Verdachts des Mordes zum Nachteil Ihres Nachbarn. Sie begleiten mich. Ich weise Sie ausdrücklich darauf hin, dass Sie unter Tatverdacht stehen.«

Während er den Tenor über seine Rechte belehrte, sank die Haushälterin bewusstlos zu Boden.

»Eigentlich müssten Sie sie verhaften!«, echauffierte sich der Künstler. »Sie ist schuld. Hätte sie das Saxophon nicht mitgenommen … Aber so blieb mir doch gar keine Wahl! Ihre Leute haben ja nichts unternommen, um mein Instrument wiederzubeschaffen. Also ging ich rüber und klärte die Sache unter Männern.«

»Mit einem Messer?«

»Kein Messer. Kein Vorbohrer. Ein angespitzter Taktstock. Ein bisschen Würde muss man sich in jeder Situation erhalten. Finden Sie nicht?«

FREIZEITTIPPS:

80 Konservatorium Cottbus: ursprünglich Lyzeum, später Oberlyzeum, heute Musikschule, Veranstaltungssaal mit Bühne, imposantes Gebäude im Spät-Jugendstil.

81 Staatstheater Cottbus: Spät-Jugendstilgebäude, 1908 von Bernhard Sehring erbaut; Ballett, Musiktheater, Schauspiel, Philharmonisches Orchester.

82 Schloss Bad Muskau: ursprünglich Wohnsitz der Familie Pückler, Wassergraben, Park mit romantischen Plätzen, Museum, Kutschfahrten durch den Muskauer Park mit Abstecher in den heute polnischen Teil der Gesamtanlage.

83 Schloss Branitz: Wohnsitz des Fürsten Pückler, Park mit altem Baumbestand, Wasserpyramide, Erdpyramide, Teiche und Fließe, Musikzimmer für Konzertveranstaltungen, Museum, Gondelfahrten auf den Fließen durch den Park.

84 Theaternative C, auch Kleine Komödie, kleines Ensemble, Gastspielhaus, Komödien und Liederabende, im Sommer im Theaterhof unter freiem Himmel.

85 Amphitheater Senftenberg, direkt am Senftenberger See gelegen, überdacht, umfangreiches und abwechslungsreiches Programmangebot.

86 Bunte Bühne Lübbenau, Theater »zwischen den Gleisen«, buntes Programm, Lesungen, Gastauftritte.

87 Tropical Island: Bade- und Freizeitspaß unter Palmen, bei ganzjährig 26°C Temperatur, 66.000 Quadratmeter, Indoor-Regenwald mit exotischen Tieren, Veranstaltungsbühne.

ALLE MEINE SÜSSEN

Es war einer dieser typischen Montage, langweiliger noch als jeder andere Tag der Woche, als sie das Erste sah.

Es huschte so schnell über den Gartenweg, dass sie für einen Moment nicht sicher ausschließen konnte, Opfer einer Sinnestäuschung geworden zu sein, wie es, nach Aussage ihres Mannes, bei älteren Frauen gern mal vorkam. Er hatte von älteren und besonders törichten Frauen gesprochen. Nun ja, ihr Mann war von jeher ein schwieriger Charakter.

Das kleine Tier war schwarz gewesen, hatte einen kurzen, hellen Schwanz. Der erste Eindruck vermittelte ihr ein spontanes Gefühl von Sympathie für das mausgroße Wesen. Während sie etwas später in der Küche mit Töpfen und Pfannen hantierte, überlegte sie, mit welcher Art Leckerbissen sie dem Neuzugang in ihrem Garten eine Freude machen konnte. Denn da war sie sich ganz sicher: So einen schwarzen Huscher hatte sie noch nie gesehen.

»Was ist mit dem Essen?«, hörte sie Dieter rufen. »Es ist zwölf Uhr. Selbst nach mehr als 40 Jahren Ehe ist es dir nicht möglich, das Mittagessen pünktlich auf den Tisch zu bringen! Hätte ich doch bloß deine Schwester genommen. Die ist vor Jahren gestorben und geht ihrem Mann nicht mehr auf die Nerven!«

Ute seufzte.

Sie hatte ihn kurz nach ihrer Eheschließung gefragt.

Ein einziges Mal. Hatte all ihren Mut zusammengenommen und sich erkundigt: »Warum hast du dann nicht meine Schwester genommen?«

Seine Antwort war mehr als ernüchternd ausgefallen. »Weil dein Vater dich angeboten hat wie sauer Bier! Der behauptete, du wärst gut erzogen und könntest kochen! So ein scheinheiliger Lügner. Später meinte er, er habe nie behauptet, du könntest exzellent kochen. Das kann nur deine große Schwester. Nun muss ich eben damit leben. Mit dir dummen Kuh leben!«, hatte er extra angefügt, damit sie erkennen sollte, wie groß ihre Schuld an seinem Elend war. Der Titel dumme Kuh blieb haften. Auch ihr Schmerz darüber, dass er so wenig einfühlsam reagierte. Ihre Schwester hatte nun schon vor Jahren den Kampf gegen ihre Krankheit verloren. Depression. An einem stillen Sonntag war sie von der Brücke vor einen Zug gesprungen. Wenigstens blieb ihr langes Siechtum erspart, der ICE … nun ja.

Und dass ihr Schwager sein Essen nun selbst kochen musste, schien weniger lästig, als den Teller um fünf nach zwölf vorgesetzt zu bekommen.

»Gleich fertig. Die Kartoffeln brauchen noch einen Moment«, rief sie zurück und stellte das Sieb in die Spüle.

»Du lässt sie doch ohnehin immer verkochen. Nicht einmal das kannst du! Dabei kochen Frauen seit Ewigkeiten für ihre Männer Kartoffeln – mit durchaus zufriedenstellendem Ergebnis. Aber ich musste ja die Einzige abkriegen, der nicht einmal das gelingt. Die unfähigste Hausfrau von allen.«

Ute bewegte lautlos den Mund und formte seine Worte synchron, während er nörgelte. Sie konnte alle diese Anwürfe auswendig herunterbeten.

Die Kartoffeln purzelten ins Sieb.

»Gießt du die etwa schon wieder ins Sieb ab? Dann können wir ja gleich Kartoffelschrott essen, oder dieses Gemansche, das viele modern »Püree« nennen. Das kannst du gleich auf den Kompost werfen. In meinem Haus wird anständig gegessen.«

»Setz dich an den Tisch. Ich bringe jetzt das Tablett.« Ute schnitt den Braten auf, füllte die Sauce in eine Terrine. Trug alles hinüber ins Wohnzimmer, wo ihr Mann schon ungeduldig an seinem Platz thronte. »Wurde aber auch Zeit. Was soll das sein? Schweinebraten? Deine Verschwendungssucht macht uns noch zu einem Fall für die Fürsorge. Braten am Montag!«

Das ist von gestern, wollte sie einwenden, und die Fürsorge gibt es schon lange nicht mehr, das heißt jetzt Hartz irgendwie, ließ es aber bleiben. Stattdessen reichte sie Dieter einen Löffel, damit er sich Kartoffeln auf den Teller laden konnte.

»Ich habe eben ein kleines, schwarzes Tier mit glänzendem Fell über den Weg huschen sehen. Sah so anders aus, sicher keine Maus.«

Dieter starrte seine Frau an. In seinem Blick lag so viel Verachtung, dass Ute unwillkürlich zu zittern begann. »Bei dir waren selbst die paar Jahre Schule sinnlos! Schwarz, klein, glänzend, im Garten? Ein Maulwurf! Du dumme Kuh!«

Sie schwieg. Dachte ernsthaft darüber nach, ob es ein Maulwurf gewesen sein könnte, obwohl sie wusste, dass dem nicht so war. Aber all die Jahre an Dieters Seite hatten dazu geführt, dass sie sich selbst nicht mehr traute. Ihren Sinnen, ihrem Wissen, ihren Fähigkeiten nicht. Dieter tat alles ab, sodass sie sich tatsächlich manchmal fragte, wie er es so lange mit einem Dummchen wie ihr aushalten konnte. Es musste schlimm für ihn sein, sich tagaus, tagein mit solch einer Idiotin abgeben zu müssen. Hinter ihren Augen drückten schmerzhaft all die Tränen, die sie ihm nicht zeigen durfte, um nicht noch mehr Spott zu ernten.

»Was ist?«, herrschte er sie an. »Gib mir gefälligst den Teller mit dem Fleisch.«

Sie selbst nahm sich nur wenig. Kartoffeln mochte sie schon seit ihrer Kindheit nicht, der Geschmack von Schweinefleisch, seine Widerständigkeit waren ihr verhasst. Nudeln, ja, die liebte sie. Mit einer fruchtigen Tomatensauce und würzigem Käse drüber. Aber solchen Schnickschnack erlaubte Dieter nur, wenn ihre Tochter Karina zu Besuch kam. Einmal im Jahr für eine Woche zwischen Weihnachten und Neujahr. »In Deutschland isst man Kartoffeln«, hatte er ihr erklärt, »die kann man auch mal braten, am besten sind sie als Salzkartoffeln. Nudeln sind nur was für Italiener, so was kommt nicht auf meinen Tisch!« Also kochte sie jeden Tag, was der preußische König einst per Dekret eingeführt hatte.

Nachdem sie das Geschirr abgeräumt und in die Küche gebracht hatte, beobachtete sie, wie Dieter am Fenster vorbeiging, in Richtung Obstwiese. Sicher kontrollierte er den Reifezustand seiner Äpfel. Wenn er fand, nun sei der richtige Zeitpunkt für die Ernte, lud er Körbe voll in seinen Wagen und brachte sie in die Mosterei [88]. Dort wurden sie zu Saft verarbeitet, den sie im Keller für den Winter einlagerten. Gestern waren sie noch nicht weit genug, aber vielleicht kämen sie ihm heute erntefein vor. Vier Bäume standen dort, mit Glück ergab das etwa 100 Kilogramm Äpfel. Die Mosterei füllte etwa 86 Flaschen ab, eine jede mit 0,7 Litern. Dieter gab es das Gefühl, Selbstversorger zu sein. Nur gut, dass er neben dem Saft nicht auch sein Fleisch als Eigenerzeugnis selbst züchten wollte. Nicht auszudenken, wenn der Schlachter käme, um das niedliche Schaf oder die freundliche Ziege abzuholen. Keinen Bissen würde sie davon hinunterbringen. Und das gäbe eine wütende Diskussion mit Dieter. Nur gut, dass Äpfel an einem persönlichen Verhältnis zu ihrem Betreuer nicht interessiert waren.

Das heiße Wasser rauschte in die Spüle, eine kleine Schaumkrone bildete sich. Ute träumte vor sich hin, während Teller und Besteck automatisch von ihren Händen bearbeitet wurden.

Da sah sie das Tierchen wieder.

Kein Maulwurf! Nie und nimmer!

Ohne nachzudenken schnitt sie ein Stück Bratenrest in kleine Stücke und brachte die Portion für das seltsame Tier nach draußen, beschloss, von der Küche aus zu beobachten, ob der kleine Schwarze zurückkäme.

Sie brauchte nicht lange zu warten.

Vorsichtig näherte sich der Neuzugang. Die lange Nase war sehr beweglich, zuckte von links nach rechts und zurück. Offensichtlich war der Geruch des Bratens verlockend. Fasziniert beobachtete Ute das Tierchen beim Fressen. Ein Nager war es jedenfalls nicht. Keine extralangen Frontzähne zu sehen.

Als das Tier alles verputzt hatte, hob es das Köpfchen und guckte Ute direkt in die Augen! Es schien zu zwinkern und verschwand unter den Büschen. Ute räumte die Küche auf, wienerte alle Oberflächen. War von einer überraschenden Freude über den Besucher erfüllt, die ihr alles leicht von der Hand gehen ließ. Dieter kam brummend zurück, forderte schon von Weitem nach seinen Hausschuhen, zog sich dann mit der Tageszeitung in seinen Lieblingssessel im Wohnzimmer zurück. Ute wusste, dass er die nächsten zwei Stunden dort verbringen würde, erst gegen drei wollte er seinen Kaffee und ein Stück Kuchen.

Sie schlüpfte aus dem Haus, um den Teller zu holen, auf dem sie den Braten verfüttert hatte. Als sie sich danach bückte, fand sie sich Aug in Aug mit ihrem Gast.

»Du bist aber ein hübsches Wesen«, erklärte sie mit sanfter Stimme. »So wunderbare Augen. Und so wach. Der Braten hat dir wohl geschmeckt? Dann bist du keiner von der vegetarischen Sorte.«

Das kleine Tier kam vorsichtig näher. Dabei behielt es die Umgebung fest im Blick, sicherte ständig nach allen Seiten.

»Vor Dieter brauchst du dich nicht zu fürchten. Der

liest Zeitung. Da könnte die Welt neben ihm untergehen, er würde es nicht bemerken. Wahrscheinlich wohnst du schon länger hier und hörst ihn ständig meckern, nörgeln und maßregeln. Ich würde gern behaupten, er sei gar nicht so, aber das wäre gelogen. Er ist genau so! Aber wenn wir ein bisschen aufpassen, merkt er nichts davon, dass ich dich füttere, meine Süße.«

Das Schwarze kam ganz nah heran, schnupperte an ihren Fingern – und schmiegte sich plötzlich und ganz und gar unerwartet in ihre Hand, als wolle es sich bedanken oder sie trösten. Vor Rührung liefen ein paar Tränen über ihre Wangen. »Weißt du, ich ertrage ihn nun schon mein ganzes Leben. Da gewöhnt man sich an die ständige Kritik. Ich bin schon dankbar, dass er unsere Tochter damit in Ruhe lässt. Die lobt er sogar manchmal.«

Das Wesen gab ein leises Fiepen von sich. Im Gebüsch fing es an zu rascheln. Ein winziges schwarzglänzendes Näschen erschien, zwei vorwitzige Knopfaugen. »Ist das deine Tochter? Wie wunderhübsch sie ist«, flüsterte Ute begeistert. »Dann werde ich die Portion anpassen«, lachte sie warm. Zum Abschied kuschelte sich das weiche Tier noch einmal in ihre Hand und verschwand flugs mit seinem Kind unter dem Busch. Ute war unbeschreiblich glücklich. Lächelnd kehrte sie ins Haus zurück, plante bereits, wann sie die nächste Portion hinausstellen konnte.

»Was grinst du so? Menschen wie du wirken damit noch dämlicher, als sie es ohnehin schon sind.« Dieter hatte kaum von den Schlagzeilen des Tages aufgesehen.

Ute freute sich auf jede Fütterung.

Ihre neuen Freunde kamen bei jedem Mal zahlreicher, blieben allerdings auf der Hut, gingen Dieter aus dem Weg. Sie fragte sich manchmal, wie es sein konnte, dass er die Schwarzen nie zu Gesicht bekam, wuselten sie doch hinter jeder Ecke, unter jedem Busch. Die Portionen waren nun schon so groß, das ein mittelgroßer Hund davon hätte satt werden können, je nach Lage und Angebot ein- bis zweimal am Tag. Und so viele Leckermäulchen produzierten durchaus laute Geräusche beim Genießen. Ute machte sich Sorgen.

Als ihre Tochter anrief, erzählte sie ihr von ihren niedlichen neuen Kostgängern. Doch Karina war bedauerlicherweise in Vielem wie ihr Vater.

»So ein Blödsinn! Erzähl bloß niemandem davon, sonst holen dich demnächst die Jungs mit der Zwangsjacke ab! Kleine schwarze Fleischfresser mit kurzem, breitem, hell behaarten Schwanz. Die gibt es nicht. Du bist einsam, die Viecher entstehen in deinem Kopf. Isst du all das Fleisch selbst? Oder wirfst du es in den Müll? Wenn Papa mitkriegt, dass du Fleisch wegschmeißt, kannst du dich auf jede Menge Ärger gefasst machen, das ist dir ja wohl klar.«

»Aber Karina …«

»Hör auf. Schaff dir eine Katze an. So hast du jemanden zum Kuscheln, und das Ungezieferproblem im Garten löst sich dadurch auch. Wetten, die Tiere verschwinden dann über Nacht.«

»Papa will keine Katze. Er erlaubt keine unnützen

Fresser«, schluchzte Ute, die ihre neuen Freunde niemals an eine Katze ausgeliefert hätte.

»Heul nicht rum. Wenn du willst, spreche ich mit ihm.«

»Nein!« Ute sah schon das Blutbad vor sich, das eine Katze unter den schönen Schwarzen angerichtet hätte. »Nein!«

Offensichtlich spürten die zarten Wesen ihre Aufregung.

Nachdem Ute die Schale mit dem Fleisch abgestellt hatte, rasten sie nicht wie sonst sofort zum Fressen, sondern nahmen sie in ihre Mitte. Leise beruhigende Geräusche. Ute beugte sich hinunter, streichelte denen, die sie erreichen konnte, durch das fluffige Fell, rief sie zärtlich beim Namen. Es schien, als wollte die kleine Horde sie ebenfalls streicheln. Ute genoss jeden Augenblick. »Stellt euch vor, meine Tochter will, dass ich mir eine Katze anschaffe, um euch zu vertreiben. So herzlos. Das hat sie von Dieter geerbt. Diese Kälte, diese Niedertracht.« Sie wischte die Tränen mit dem Jackenärmel ab. »Das kommt natürlich gar nicht in Frage.« Leises Fiepen, antwortete ihr. Einige der Süßen sahen sie auffordernd an. »Ja, ich sollte mich deutlicher wehren, ihr habt recht. Aber ich weiß gar nicht, wie das geht. Und was tue ich, wenn ich ganz allein bin? Dieter mich rauswirft? Dafür sorgt, dass man mich in ein Irrenhaus bringt?«

Ute blühte dezent auf. Selbst der Verkäuferin im Lebensmittelladen fiel auf, dass sie besser aussah.

»Urlaub gehabt?«, erkundigte sich die dicke Eva neugierig, während sie die Waren über den Scanner zog. Ute schüttelte nur den Kopf und packte rasch ihre Einkäufe in den Korb. Ja, dachte sie trotzig auf dem Rückweg zu ihren Süßen, es ist ein wunderbares Gefühl, geliebt und verstanden zu werden – und sei es von einer Gruppe schwarzer Fellträger!

Dieter saß zu ihrer Überraschung nicht in seinem Zeitungssessel. Das konnte nur bedeuten, dass er die Äpfel kontrollierte. Laut rief sie durch den Garten. Sie sei vom Einkaufen zurück und wolle nun mit dem Kochen beginnen. Neben der Spüle lag das Telefon. Sehr ungewöhnlich. Dieter hasste das Ding. Seiner Meinung nach sollte der, der etwas von ihm wollte, die Energie aufbringen, persönlich vorbeizukommen. Ute checkte das Display. Karina hatte mit ihrem Vater gesprochen! Ihr wurde vor Sorge ganz flau im Magen.

»Komm her!«, schallte es zornig von den Obstbäumen her. »Sofort!«

Ihr Herz stolperte. Das konnte nur bedeuten, dass er die Süßen entdeckt hatte! Um Himmels willen! Er würde sie töten, das war sicher. Schon deshalb, weil sie ihre Freude an den Tierchen hatte. Mit schleppenden Schritten setzte sie sich in Bewegung.

»Mein Gott, hast du dich auf dem Weg vom Haus hierher verlaufen?«, bellte Dieter, kaum dass er sie gehört hatte. »Ich werde dich wohl doch bald in ein Pflegeheim geben müssen. Orientierungslosigkeit und Verschwendungssucht. Was kommt wohl als Nächstes dazu? Wenn das Kochen nicht mehr funktioniert, meint Karina, wäre das ein untrügliches Indiz für Demenz. Aber bei dir ist das schwer zu beurteilen, da du es noch nie gekonnt hast. Oder deine angeborene Idiotie war womöglich schon immer eine Form von Hirnabbau.« Er stand auf der Leiter und betastete seine Äpfel.

Ute schwieg. Wie immer.

»Karina erzählte mir, dass du das von meinem Geld bezahlte Fleisch an Mäuse verfütterst. Du unnütze Person! Mit meiner Rente wird kein Braten für Schädlinge finanziert! Oder stopfst du dir das alles in deinen eigenen gierigen Schlund?«

»Aber nicht doch. Die Tierchen sind keine Mäuse. Meine Süßen ähneln ihnen nicht einmal. Und sie bekommen nur, was sonst auf dem Müll …«, log Ute mit zitternder Stimme. Sie war unendlich enttäuscht. Wie konnte Karina sie und ihre pelzigen Kuschler so boshaft verraten?

»Halt deinen dummen Mund!«, fiel er ihr ins Wort. »Du warst noch nie mehr als eine dumme Kuh! Früher warst du wenigstens noch ansehnlich! Heute bist du fett, unappetitlich, nachlässig gekleidet. Und komm mir jetzt nicht mit den üblichen Klagen. Natürlich bekommst du von mir kein Geld für unnötigen Schnickschnack. Kein Mensch braucht einen Friseur!«

Nein, dachte Ute verletzt, natürlich nicht. Und neue Kleider braucht man schon gar nicht, schließlich gehen wir nur zum Einkaufen vor die Tür. In ihrer Ehe gab es nur ein einziges Mal einen Besuch in der Stadthalle Cottbus [89]. Eine Opernaufführung. Italienisch. Dieter reagierte nach der ersten Arie verärgert, maulte in der Pause, wer hier singe, der solle das gefälligst auf Deutsch tun, und setzte fortan keinen Fuß mehr in Theater oder Kino. Ja, früher – also ganz früher – war er mit ihr schon mal zum Johannisfest nach Straupitz gefahren oder zu Festtagen in die Schinkelkirche 90. Sie waren sogar spazieren gegangen. An der Mühle 91 vorbei, am Kornspeicher 92. Lange her!

»Ich dulde nicht, dass du irgendwelche Viecher fütterst. Selbst wenn die nur hinter deiner Stirn existieren. In einer halben Stunde kommt Eugen mit einer Katze vorbei. Die wird das Problem lösen. Und lass es dir bloß nicht einfallen, die mit ins Haus zu nehmen oder zu füttern. Die bleibt eine Gartenkatze, wird ihre Aufgabe sicher vorbildlich erfüllen.«

Ute erstarrte.

Ganz in der Nähe hörte sie ihre Süßen rascheln. Hatten die verstanden, was Dieter plante? Einen Massenmord an den Kleinen und ihren Nachkommen!

Und ehe sie noch begriff, was sie tat, hatte sie die Leiter gepackt.

Ihr Mann lachte sie aus.

»Das wagst du nicht. Außerdem bin ich zu schwer. Also lass den Unsinn.« Er ruderte unsicher mit den Armen, versuchte nach Ästen zu greifen.

Plötzlich waren die Schwarzen da, es wirkte, als wollten sie nach Kräften mithelfen – und die Leiter löste sich vom Baum. Der erstaunte Dieter fiel auf den Rücken wie ein Sack.

Vorsichtig trat Ute an ihn heran.

Er blutete heftig. Irgendwie musste er wohl mit dem Kopf auf den Findling gefallen sein. Was tun? Wenn sie jetzt einen Krankenwagen rief, würde der Arzt Dieter womöglich retten! Am Ende könnte der sich gar daran erinnern, was da gerade passiert war. Dann käme sie in die Geschlossene, ihre Süßen fräße Eugens grässliche Katze. Nein!

Um sie herum wuselten die Schwarzen. Sie produzierten eine Art beruhigenden Singsang. Ute war fasziniert. Es kam ihr so vor, als könnten sie sich miteinander verständigen. Wie wunderbar und einzigartig! Nach einem letzten Blick in die flehenden Augen des Sterbenden wandte sie sich um und lief ins Haus zurück. Eugen musste so schnell wie möglich erfahren, dass seine Katze nicht vonnöten war!

Am Abend sah sie noch einmal nach ihm, fand alles wohlgeordnet und wusste, dass die Süßen in der nächsten Zeit nur noch spezielle Leckereien von ihr benötigen würden. Zufrieden ging sie schlafen.

Karina rief in der Woche vor Weihnachten an, um ihr Kommen anzukündigen.

Eher beiläufig erkundigte sie sich nach ihrem Vater.

»Papa hat mich verlassen. Schon vor Monaten. Er hat seinen dunklen Anzug angezogen, eine Flasche Apfelsaft mitgenommen und ist nicht mehr nach Hause gekommen.«

»Wovon lebst du denn jetzt?« Zufrieden registrierte die Mutter eine leichte Hysterie in Karinas Stimme.

»Nun. Seine Rente kommt jeden Monat. Das ist mehr als genug.«

»Hast du sein Verschwinden bei der Polizei angezeigt? Ihn vermisst gemeldet?«

»Aber nein! Ich vermisse ihn doch gar nicht – und es wäre ihm nicht recht, wenn ich ihn suchen lasse. Du weißt doch, er kann diese Art Bevormundung nicht ausstehen.«

Ute unterdrückte mit Mühe ein Kichern. Natürlich würde sie kein Wort von der Anstrengung erwähnen, seine sauberen Knochen zu zertrümmern. Besonders der Schädel erwies sich als harte Nuss. War aber nur zu verständlich, Dieter hatte eben von jeher einen Dickkopf.

»Und die Tiere sind weg?«

»Klar«, beteuerte die Mutter.

Das war der einzige Wermutstropfen gewesen. Alle ihre Süßen hatten sich liebevoll von ihr verabschiedet. Ute verstand: Ihre Mission war erfüllt, sie hatten sie befreit. Nun zogen sie weiter, um eine andere Frau aus einer ähnlich hoffnungslosen Lage zu retten. Obwohl Ute das einsah, war sie furchtbar traurig gewesen. Weinend hatte sie der Horde nachgesehen, sich schrecklich einsam gefühlt.

Und dann, als die schwarzglänzenden Rücken um die Gartenecke gebogen waren, stürmten plötzlich zwei der Tierchen zu ihr zurück. Glücklich kraulte sie die beiden. Mutter und Tochter!

Die beiden blieben, wohnten in einem Körbchen im Schlafzimmer, direkt neben dem Ehebett, in dem die Witwe sich nun nach Herzenslust so breitmachen konnte, wie sie wollte. Ihre Süßen saßen mit ihr am Tisch – gut, eher auf dem Tisch –, und sollte unerwartet jemand hereinplatzen, war das auch kein Problem.

Selbst der große schwere Hauptkommissar aus Cottbus hatte kein Wort über die Süßen verloren.

Nachtigall hieß der.

Hatte seinen Kaffee getrunken.

Er fragte viele Dinge, und Ute hatte artig geantwortet.

Dieter war unbestreitbar verschwunden, seine Tochter machte sich Sorgen – mehr war beim besten Willen nicht aufzudecken. Ob sie keine Vorstellung davon habe, wohin Dieter gegangen sein könne?, wollte der Mann von ihr wissen. Nein, erklärte sie. Fremdgehen sei nicht nach seinem Sinn gewesen, eine andere Frau sei also nicht im Spiel, Freunde hatte er nicht und im sonstigen Umfeld hatte die Polizei selbst nachgeforscht und keine brauchbaren Informationen erhalten. Der Schwager konnte auch nicht weiterhelfen. Und Dieter blieb verschwunden.

Seit Wochen war nun niemand mehr bei ihr aufgetaucht, um sie nach ihm zu fragen. Es war, als vermisse ihn auch sonst keiner.

»Morgen, meine Süßen, fahre ich nach Byhleguhre. Dann spaziere ich durch den Ort, in meinem Sonntagskleid, und sehe nach, ob es den alten Ziehbrunnen noch gibt, die Stallscheune, den wunderschönen See mit seinem glitzernden Wasser [93], die Konditorei. Ich könnte uns von dort ein besonderes Stück Kuchen mitbringen.

Wäre das nicht eine gute Idee? Und in der nächsten Woche könnte ich mir Burg ansehen. Ich war schon seit Ewigkeiten nicht mehr bummeln, dabei liegt es vor der Haustür. Die Handwerkerhöfe 94 sollen schön geworden sein, da kann man Quiltingdecken kaufen und Glaskunst gibt es auch – und wenn ich ganz mutig geworden bin, besuche ich das Museumsdorf Glashütte 95. Das ist ein belebtes Museum, wisst ihr? Mit einer Lehmbauschule, wo man das Handwerk richtig lernen kann, einer kleinen Firma, die handgeschöpftes Papier herstellt, einem echten Leinenkontor, sogar einen Puppendoktor haben die. Gertrud aus dem kleinen Laden unten hat mir erzählt, sogar in der Dorfschmiede würde gearbeitet und in der Töpferei auch. Ihre eigene Tochter arbeitet bei Weiberfummel – das klingt doch verlockend. Und einen Kräuterladen kann man ansehen und einen Laden mit Glaskunst. Da könnte ich nach interessanten Gewürzen für die italienischen Pasta Gerichte suchen – und Sei Fee.« Sie lachte leise. »Wer möchte nicht mal Fee sein. Ist ein Naturseifenladen. Endlich gibt es in meinem Leben wieder Pläne!« Sie sprach sanft und leise mit den beiden, streichelte dabei liebevoll über den Rücken der Tierchen.

Ute fragte sich gelegentlich, ob es möglich war, dass außer ihr keiner die Süßen sehen konnte.

Doch was spielte das für eine Rolle, jetzt, wo Dieter tot war?

FREIZEITTIPPS:

88 Spreewaldmosterei Jank: Mosterei und Brennerei, Sagengeist. April-Oktober Café geöffnet, Verkostung, Museum.

89 Stadthalle Cottbus: Gebäude unter Denkmalschutz, Kino und große Bühne, Ort für Veranstaltungen aller Art, Musik, Kongresse etc.

90 Straupitz: die klassizistische Schinkel-Kirche ist das Wahrzeichen von Straupitz, Spreewaldbahnhof, Museum in Planung, Gutshaus Straupitz, heute Grundschule, Bimmelguste für Ausflugsfahrten, Johannisfest am 24. Juni ist ein Volksfest.

91 Holländer-Mühle als Wind-, Öl- und Sägemühle, wurde 1850 erbaut, nachdem die alte Mühle (Bockwindmühle) einem Feuer zum Opfer gefallen war. diese Dreifachkombination ist in Europa kein zweites Mal in einer funktionsfähigen Mühle zu finden. Bei Vorführungen wird meist Leinöl hergestellt.

92 Kornspeicher mit massiven Wänden, im oberen Teil Fachwerk. Im unteren Bereich lagerte man Eis ein, das im Winter auf dem Straupitzer See gewonnen wurde, in den Geschossen darüber Getreide. Heute beherbergt der Speicher neben der Ausstel-

lung zur Historie von Straupitz eine Töpferwerkstatt und ein Restaurant.

93 Byhleguhre, ist sorbisch und bedeutet weißer Berg. Ziehbrunnen, Stallscheune, Byhleguhrer See.

94 Kunsthandwerk, Schau-Handwerkerhöfe, 1. Kolonie 4, Quilting, schöne Dinge aus Stoff, Glaskunst, Keramiken, Café.

95 Glashütte Museumsdorf Museum (belebtes Museum): Lehmbauschule mit Lehmbackofen, Edition Eigensinn, handgeschöpftes Papier, Leinenkontor, Puppendoktor, Dorfschmiede, Töpferei, Weiberfummel, Kräuterladen, Glaskunst, Sei Fee – Naturseifenmanufaktur.

AUF SANFTEN SCHWINGEN KOMMT DER TOD

Tiberius Schnitzler sah auf das Leuchtzifferblatt seiner Sportarmbanduhr. Die grüne Kombination aus Zeigern und Strichen machte das Ausmaß der Verspätung beinahe mit den Händen greifbar.

»Verflixt, wo bleibt sie denn?«, flüsterte er und überlegte ernsthaft, ob es nicht besser wäre, zu gehen.

Doch als sein Hirn ihm freundlicherweise lebensechte Bilder des weiblichen Parts seiner Verabredung zeigte, wurde er schwankend. Es war bestimmt nicht ihre Schuld, dachte er besänftigt, wahrscheinlich gab es wieder Stress mit ihren Eltern.

Eltern!

Er selbst wird es seinen nie verzeihen, dass sie ihm diesen albernen Vornamen verpasst hatten. Das Grässlichste war: Seine Mutter sprach ihn auch noch grundsätzlich englisch aus. Teibärias. Entsetzlich. Peinlich. Grauenhaft.

Er war zum Opfer des Fernsehens geworden!

Psychische Folgen der Vergabe abstruser Namen an Kinder – gab es dazu eigentlich eine empirische Studie? Warum verbot das der Gesetzgeber nicht?

Captain James T. Kirk vom Raumschiff Enterprise, unterwegs in den unerforschten Weiten des Weltraums, um fremde Galaxien zu erkunden – und das T. stand für Tiberius.

Ein Leben lang würde ihn der Jugendschwarm seiner Mutter, der Held seines Vaters wie ein Fluch begleiten. Ewig!

Dass es sich in seinem Fall dabei nur noch um eine kurze Zeitspanne handeln sollte, ahnte er freilich nicht.

»So, bitte hier entlang.« Der Stadtführer – in der traditionellen Uniform des Postkutschers – ließ seinen Blick wohlgefällig über die Köpfe seiner Gruppe patrouillieren. Ziemlich viele Touristen für eine Tour. Das bedeutete wohl, die Saison hatte für dieses Jahr begonnen.

Bestens!

Mehr Gäste. Das spülte auch ein deutliches Plus an Trinkgeld in seine Taschen.

»Wann, haben Sie gesagt, wurde der Turm 96 erbaut?«, erkundigte sich eine piepsige Stimme aus dem Hintergrund, und Tristram Kaminski wiederholte geduldig alle Informationen, die er vor wenigen Minuten schon einmal abgespult hatte.

»Erbaut im 13. Jahrhundert.«

Es war normal.

Einer fragte immer nach. Das wird in den kommenden Jahren eher noch schlimmer werden, beschäftigten sich seine Gedanken wenig freundlich weiter mit dem Thema, während seine Lippen den Text aufsagten.

Schließlich schlug sich der demografische Faktor unweigerlich auf Ohr und Geist nieder. Auf der anderen Seite – wenn bald alle mit einem Rollator zur Nachtführung anrückten, konnten sie den Turm nicht mehr besteigen. Was schlecht wäre. Dieser Teil der Tour machte ihm nämlich besonders viel Spaß.

»Eine Treppe führt hinauf zur Plattform. Von dort haben Sie einen atemberaubenden Blick über die ganze Stadt«, versprach er munter, damit nicht schon vor dem Start die Hälfte verweigerte. Energisch setzte er sich an die Spitze der Aufsteiger. Immerhin, fünf würden ihm bis ganz nach oben folgen und den anderen später von dem berichten was die Zauderer verpasst hatten. Natürlich wäre es für ihn ein Leichtes gewesen, die Stufen in elastischem Dauerlauf zu nehmen, doch das wäre ein echter Motivationskiller für die Touristen und schied deshalb aus. Also nahm er sich zurück. Immer zwei Stufen vor den anderen war in Ordnung. »Der Dicke, wie man ihn hier liebevoll nennt, war Teil der Verteidigungsanlagen der Stadt. Sie haben sicher den quadratischen Sockel bemerkt. Auf dem ruht der Turmschaft. Insgesamt hat der Turm eine Höhe von 31 Metern. Ursprünglich hatte er ein haubenartiges Dach, doch bei der Überarbeitung 1823 entschied man sich für den Kranz aus Zinnen, seit 1906 besitzt er eine Uhr.«

Oben angekommen betrat er mit einem tiefen Atemzug den Rundumbalkon. Genoss den winzigen Augenblick, in dem er hier ganz allein stand, die Nacht ihm gehörte.

Schwatzend und guter Laune folgte seine Gruppe.

»Wenn Sie ganz nah an die Brüstung herantreten, können Sie direkt unter Ihnen einen Blick auf die Figur werfen, die der berühmte Cottbuser Künstler Hans

Scheuerecker geschaffen hat. Es war gar nicht so einfach, einen Platz zu finden, der alle Beteiligten zufriedenstellte. Aber nun steht sie hier, eingangs der Fußgängerzone und passt auf, dass die Radler brav absteigen.«

Die Gruppe Urlauber lachte gnädig über den lahmen Scherz.

»Hier können Sie sehen, wo wir schon überall gewesen sind. Linker Hand liegt der Altmarkt 97 mit den liebevoll restaurierten Häusern 98 und den gemütlichen Kneipen und Restaurants. Im Apothekenmuseum 99 gibt es ein erhaltenes Labor, wenn Sie Zeit haben, lassen Sie sich morgen dort herumführen. Der Turm 100 dort gehört zur Oberkirche und leicht schräg liegt der Gerichtsberg 101. In der Querstraße nach dem Café haben wir das wendische Museum 102 gesehen, mit der kleinen Bronzestatue 103 davor. Sie wissen noch, wie der Geist hieß?«

»Krabat!«, wusste einer der Herren. Bestimmt ein Lehrer, dachte Tristram unwillig.

»Hier riecht es nicht gut!«

Der Führer überhörte diesen Einwurf.

»Genau. Aus einer sorbischen Geschichte.«

»Wo haben wir diese Bronzetiere über die Mauer springen sehen?«, erkundigte sich eine weibliche Stimme.

»Zeige ich dir morgen«, antwortete eine andere Frau. »Diese Stolpersteine 104, die gibt es überall in der Stadt?«

»Die Stadt arbeitet daran. Ich denke nicht, dass schon

alle Häuser erfasst sind, aber im Laufe der Zeit wird es gelingen. Wir nehmen das Gedenken sehr ernst.«

»Hier stinkt es!«

Typisch. Irgendeiner ist immer dabei, der etwas zu meckern hat, ärgerte sich der Nachtwächter. Cottbus war eine Großstadt, da duftete es nicht an jeder Ecke nach Lavendel!

»Es ist Sommer. Es ist warm. Da können sich ungute Gerüche in der stehenden Luft länger halten.« Geduldig im Ton, sachlich in der Aussage. Das war die beste Kombination bei solchen Dingen.

»Stimmt auffallend!«, quäkte nun eine zweite Stimme. Tristram spürte den bei allen aufkeimenden Unmut. Es roch tatsächlich ungewöhnlich schlecht.

Und so viele Fliegen waren auch unüblich. Wahrscheinlich hatte jemand etwas von seinem Proviant entsorgt und das war noch nicht bemerkt worden.

Der Stadtführer nahm seine große Lampe fest in die Hand und leuchtete damit umher.

Planlos.

Ohne etwa zu glauben, er könne auf diese Weise der Ursache des Miefs auf die Spur kommen. Aber ganz gezielt mit der Absicht, den Touristen durch diese Aktion zu beweisen, er täte alles, damit sie sich nur wohl fühlten. Stadtführer mit Leib und Seele eben.

Er war direkt ein wenig stolz auf sich.

»Wir wechseln auf die andere Seite. Von dort kann ich Ihnen zeigen wo die Klosterkirche 105 steht, wo wir die Stadtmauer 106 und den Teepavillon 107 gesehen haben. Dahinter liegt die BTU 108, unsere Universität und das viel beachtete architektonische Schmuckstück, das Medienzentrum 109. Aber hier, bevor ich es vergesse, noch ein Blick auf die Schlosskirche 110, an der wir vorbeigekommen sind.«

Das Licht seiner Lampe zuckte über die Brüstung des Turms und wieder zurück.

Zunächst war im nervösen Schein des Lichtkegels nichts zu sehen.

Tristram beschloss, den mittigen Glockenaufsatz zu umkreisen. Drei Teilnehmer der Führung blieben ihm dicht auf den Fersen.

Plötzlich stieß sein Fuß gegen einen Widerstand. Er leuchtete auf den Boden.

Spitze Schreie, tumultartiges Fliehen, Kreischen auf der Treppe.

Er konnte die Reaktion verstehen.

Auf dem Boden lümmelte ein junger Mann, von dem man hätte glauben können, er sei eingeschlafen. Auf der linken Seite, fest an die Mauer gekrallt. Doch im Schein der Lampe war deutlich geworden, dass seine Augen fehlten. Blut war Tränen gleich über seine Wangen gelaufen. Fliegen surrten um ihn herum. »Tiberius?«

Der Stadtführer reagierte sofort.

Er hastete die Treppe hinunter und trieb die Gruppe zusammen, die sich in alle Richtungen verstreuen wollte. »Halt, warten Sie bitte! Wir rufen die Polizei, und die braucht Sie sicher als Zeugen.«

Streifenwagen und zivile Fahrzeuge der Polizei sammelten sich in Windeseile vor dem Turm. Das Blaulicht zuckte an den Wänden empor, sorgte dafür, dass die schmalen Schlitze in der Fassade bedrohlich wirkten. Wie zornig zusammengekniffene Augen.

Tristram bemühte sich um Schadensbegrenzung. »Es wird sich bestimmt rasch klären, was dem Mann zugestoßen ist. Sicher ein Unfall. Wir gehen gleich weiter, und ich lade Sie alle auf den Schock zu einem Antischreckschluck ein.«

Und dann, ganz in seiner Rolle als Stadtführer folgte noch ein allgemeiner Hinweis: »Übrigens können Sie, wenn Sie gern allein umherstreifen möchten, Audioguides 111 ausleihen oder downloaden. Eine Tour führt von diesem Turm hier an einigen der Mühlen der Stadt entlang und Sie erfahren viel über die Sagen und Erzählungen, die damit verknüpft sind. Etwa 25 Kilometer Gesamtstrecke. Sie können das erlaufen oder sich ein Fahrrad leihen.«

Allerdings war keinem der Teilnehmer nach umherstreifen – schon gar nicht auf eigene Faust. Fahle Gesichter wandten sich ihm zu, weit aufgerissene Augen bedachten ihn mit verständnislosen Blicken.

»Peter Nachtigall«, stellte sich ein sicher zwei Meter großer Mann vor. »Sie haben alle zusammen den Toten gefunden?«

Aufgeregtes Plappern aus der Gruppe antwortete ihm.

»Das war sicher ein großer Schreck für Sie alle. Kennt jemand den Mann?«

»Ja! Ich.« Kaminskis Stimme zitterte leicht.

»Sonst jemand?«

Die Teilnehmer der Führung begannen untereinander zu diskutieren – dann trat ein älterer Herr vor und erklärte fest: »Nein! Wir kommen aus Würzburg und verbringen ein paar Tage in Ihrer schönen Stadt. Zu unserer Gruppe gehörte der Junge da oben nicht.«

Tristram winkte einem Kollegen. »Gut, dass du kommen konntest! Übernimmst du bitte den Rest der Tour? Und einen Schnaps für alle auf den Schreck. Geht auf mich.«

Der Kollege nickte. »Ist gut. Das übernimmt sicher das Büro.«

»Ich bin noch gar nicht durch. Nicht einmal die Richtung, in der die Puschkinpromenade 112 liegt, konnte ich ihnen von oben richtig zeigen. Stadtmauer glaube ich, hatte ich noch erwähnt. Und der Postkutscher 113 vor dem Lindentor, den haben sie noch nicht gesehen, bei den Weißgerberhäusern 114 müsstest du die Gruppe auch noch …«

»Du, ich glaube nicht, dass deine Truppe noch so recht Lust auf eine Fortsetzung hat. Aber ich sehe mal, was sich machen lässt.«

Der zweite Stadtführer wollte sofort mit den Touristen von diesem nun unheimlichen Ort verschwinden, doch Michael Wiener, der Kollege Nachtigalls, war noch mit dem Notieren der Namen beschäftigt. »Fünf

Minuten noch«, versprach er. »Wohnen ja alle im selben Hotel.«

Peter Nachtigall wandte sich dem blassen Stadtführer zu. »Wie konnten Sie den Mann übersehen, als Sie auf die Plattform traten? So viel Platz ist dort oben nun auch wieder nicht.«

»Wir waren ja nur eine Handvoll. Und ich habe die Gruppe zur anderen Seite hin orientiert. Erst beim Rumgehen ….« Er stockte.

»Waren Sie mit dem jungen Mann verabredet?«

»Aber nein. Ich kenne ihn nur flüchtig. Eigentlich aus dem Internet. Wir sind in einer facebook-group. Tiberius Schnitzler heißt er.«

»Aber ein bisschen über seinen privaten Hintergrund werden Sie mir doch erzählen können, Herr…?«

»Kaminski. Tristram Kaminski. Student an der BTU, Wasser- und Bodenkunde. Ich glaube, Tiberius studierte auch dort. Architektur möglicherweise. Gelegentlich sind wir uns in der Cafeteria über den Weg gelaufen.«

»Und da haben Sie sich nie mit ihm unterhalten?«, fragte Nachtigall verblüfft.

»Doch. Klar. Er wohnt noch bei seinen Eltern, würde das aber gern ändern. Seine Freundin, Julia Bergis, hat auch keine eigene Bude. War also für die beiden schwierig, sich zu treffen. Wir haben uns meist über facebook ausgetauscht.«

Michael Wiener trat hinzu. »Ah, in einer gemeinsamen Gruppe?«

»Ja. In der Gruppe ›Wer außer mir hat noch so einen beschissenen Namen?‹. Ist wirklich erstaunlich, was Eltern so einfällt, wenn sie einen Namen für ihr Kind aussuchen! Ich meine, das arme Würstchen muss den sein ganzes Leben lang tragen. Alle Lehrer fragen blöd nach, die Typen in der Klasse kichern sich halb tot, bei jedem Antrag, den man ausfüllt, wird nachgehakt. Mist ist das!«

»Nun, aber nur weil jemand einen ungewöhnlichen Namen hat, bringt ihn keiner um«, stellte Nachtigall gereizt klar. »Da braucht man schon ein Motiv. Hat Tiberius Ihnen gegenüber angedeutet, er habe sich Feinde gemacht?«

»Sie meinen außer seinen Eltern?«

»Wie soll ich das verstehen?«

»Die waren ganz schön sauer auf ihn, weil er diesen Namen nicht mochte. Er wollte den sogar ändern lassen. Aber für die Eltern war es ein toller Name, einer mit Bedeutung. Von Feinden oder echtem Ärger mit jemandem hat er nie erzählt. Er war recht zurückhaltend und meist gut gelaunt. Keiner, mit dem man leicht Stress kriegt.« Der Mann seufzte. »Meine Eltern verstehen auch nicht, dass mir Tristram nicht gefällt. Neulich haben Sie mir ein Buch gezeigt, einen Roman, und eine der Heldenfiguren heißt Tristram. Schön für ihn, er war einer von den Guten.«

»Eine Liste mit Namen seiner Freunde werden wir wohl in seinem Handy finden. Er hatte doch eines?«

»Klar. Der hat doch ständig von unterwegs Bilder gepostet. Natürlich nur für die Freunde auf facebook.

Bei Youtube oder Instagram habe ich nie was von ihm gesehen.«

»Sie kennen die Adresse von Herrn Schnitzler?« Wiener schlug erneut das Notizbuch auf.

Im Wagen meinte Nachtigall: »Seltsam, die Kollegen haben kein Handy gefunden. Warum bestelle ich jemanden auf den Turm und bringe ihn dort um? Und wie komme ich wieder weg – die Tür wird abgeschlossen, man kann nicht allein hochsteigen. Heißt das, der Täter hat einen Schlüssel? Oder kennt jemanden, der einen hat?«

»Sah schon eigenartig aus, wie der da lag. So eng an die Mauer geschmiegt, dass man glatt hätte dran vorbeigehen können, obwohl ja nicht viel Platz ist. Im Dunklen eine dunkle Leiche. Kopf im Nacken. Und diese leeren Augenhöhlen. Der Mediziner war nicht sicher, ob die Augen nicht von Vögeln …, aber wahrscheinlicher ist, dass er ein Messer … Na, ja. Die meisten Leute sterben ja im Bett.« Wiener starrte durch die Windschutzscheibe. »Die Familie wird schockiert sein.«

»Was?« Frau Schnitzler schüttelte entschieden den Kopf. »Das kann nicht sein.«

»Einer der Zeugen gab an, ihn zu kennen. Tristram Kaminski. Haben Sie …«

»Ach, Gott! Der arme Junge!«

Danach war mit ihr nicht mehr zu reden. Sie starrte aus dem Fenster und schwieg.

Der Vater nahm sie fest in den Arm und rief den Hausarzt der Familie an.

»Wir müssen Sie bitten, die Leiche zu identifizieren. Ein Beamter wird Sie morgen abholen.«

Herr Schnitzler nickte. »Er war unser einziges Kind«, flüsterte er. »Den Namen Tristram hat er mal erwähnt. Aber ich kann mich nicht erinnern, in welchem Zusammenhang.«

Auf dem Rückweg zum Auto brummte Nachtigalls Mobiltelefon.

»Wir konnten das Handy des Opfers orten. Am Badesee in Spremberg 115. Eine Streife ist unterwegs.«

»Wir fahren auch hin. Mag sein, wir treffen dort auf den Mörder!«

Wiener brauste los. »Wo genau?«

Als sie den Strand des Sees erreicht hatten, entdeckten sie drei uniformierte Beamte, die ratlos auf die dunkle Wasserfläche hinaus starrten. Zu ihren Füßen lag ein Stapel Kleidung, sorgfältig zusammengelegt, die Schuhe ordentlich daneben.

»Er ist schwimmen?«, staunte Wiener.

»Hier ist das Handy.« Einer der Kollegen hielt einen Beutel hoch. »Ist aus. Bestimmt komplett leerer Akku – und die jungen Leute schützen mit Passwort. Da muss wohl die Technik ran.«

»Wo ist er?«, stellte Nachtigall die naheliegende Frage.

»Tja. Nichts zu sehen. Auch kein Plätschern oder so.

Ich denke nicht, dass da einer auf dem See ist«, brummte der Kollege.

»Ertrunken? Suizid? Habt ihr den Suchtrupp verständigt?« Nachtigall klang ungeduldig.

»Ja, schon. Aber jetzt ist es zu dunkel. Die kommen morgen mit einem Boot und zwei Tauchern«, meinte der Kollege, der die Ruhe in Person war.

Nachtigall bückte sich und nahm die Hose vom Kleiderstapel. Suchte in den Taschen nach Papieren oder Geldbeutel. »Hier! Der Ausweis. Zeus Brenner. Noch so einer mit einem sonderbaren Namen? Oder ist Zeus der Spitzenreiter im Moment?«

»Eher nicht«, grinste Wiener. »Stell dir nur vor, welche Probleme der in der Schule gehabt haben muss! Die Schüler kriegten das große Feixen, und die Lehrer sahen es als Herausforderung, dem Göttervater zu beweisen, dass sie die Hosen anhatten.«

»Ja, sicher nicht einfach. Peter führt zu weniger Schwierigkeiten, das gebe ich zu.«

Wiener stöberte sich durch den Rest der Kleidung. Dann sah er aus der Hocke zu seinem riesenhaften Kollegen auf: »Wo ist das Handy von Zeus? Der hatte doch sicher auch ein eigenes!«

»Shit! Glaubst du, jemand veranstaltet hier eine Art makabrer Schnitzeljagd mit uns?« Nachtigall schnaufte empört. »Das würde bedeuten, dass es noch mindestens ein Opfer mehr geben wird! Was geht denn hier vor?«

Gegen drei Uhr morgens trafen sich Wiener und Nachtigall an einem Fließ in Burg.

Es war feucht und unangenehm kühl. Über dem Wasser hing Nebel.

Es gluckerte Unheil verheißend in Ufernähe.

»Hier wurde das Handy von Zeus gefunden.«

»Aber er nicht?«

»Das können wir nicht mit Sicherheit sagen. Es gibt einen Körper – einen Hinweis auf seine Identität, aber keinen tatsächlichen Nachweis.«

»Was soll das heißen?«, fragte Nachtigall bedrückt, denn er ahnte schon, was der Kollege der Schutzpolizei wortreich verschwieg.

»Wir haben einen Führerschein gefunden, aber kein Auto. Jupiter Steiner. Sein Gesicht … nun, es ist praktisch nicht mehr vorhanden.«

»Jupiter! Noch ein Gott. Sicher auch einer aus dieser Facebook-Gruppe.« Nachtigall schüttelte den Kopf. »Jupiter!«

Der Beamte führte die beiden Ermittler aus Cottbus zum Fließ. »Ist ein privater Steg. Der Besitzer ist heute früh gekommen, um seinen Kahn für eine speziell gebuchte Good-morning-Tour vorzubereiten. Start ist fünf Uhr. Als er die Plane zurückschlug …« Er tat es ebenfalls. Nachtigall keuchte. Wiener fummelte seinen Notizblock hervor. Übersprungshandlung, dachte der Hauptkommissar. Er will uns nicht sehen lassen, wie sehr ihn der Anblick der Leiche aus dem Gleichgewicht bringt.

»So wurde er entdeckt?« Die Stimme des jungen Kollegen überraschend fest.

»Ja. Der Arzt hat nur den Tod festgestellt. Rumgezerrt haben wir ihn dafür nicht. War ja klar, dass der keines natürlichen Todes gestorben ist.«

Gegen sieben Uhr klingelten Nachtigall und Wiener bei Familie Bergis.

Der Hausherr öffnete misslaunig im Feinrippunterhemd und studierte obsessiv gründlich die Dienstausweise der beiden Besucher. Dann strich er nachdenklich über das noch unrasierte Kinn. »Und?«

»Wir möchten uns gern mit Ihrer Tochter unterhalten.«

»Worüber? Die Kleine hat mit dem Kerl nichts zu schaffen gehabt!«, grantig wollte Herr Bergis die Tür schließen, doch Nachtigall schob seine Masse vorwärts.

»Sie können sich nicht mit ihr unterhalten«, insistierte der Vater, der den Kopf weit in den Nacken legen musste, um den Hauptkommissar wütend anzufunkeln. Das nahm dem bösen Blick einiges an Dramatik.

»Ihr Freund wurde gestern Nacht ermordet aufgefunden. Wir müssen ihr ein paar Fragen stellen!« Damit drängten sich die beiden Ermittler in den Flur.

»Julia ist in ihrem Zimmer!«, rief der Vater ihnen nach.

Der Weg dorthin war durch Musik beleuchtet. Offensichtlich das übliche Programm pubertierender Jugendlicher zur Stress- und Trauerbewältigung, dachte Nachtigall, der sich gut an diese Phase bei seiner eigenen

Tochter erinnern konnte. Artig klopfte er, wartete auf Antwort, klopfte ein zweites Mal. »Polizei. Wir möchten uns mit Ihnen über Tiberius unterhalten.«

Die Musik nahm an Lautstärke ab.

Zaghaft wurde die Tür geöffnet.

Das Mädchen hatte geweint. Die verquollenen Augen starrten die Eintretenden erwartungsvoll an. »Sie haben den Kerl gefasst, der ihm das angetan hat? Heute Morgen wurde schon im Radio über den Mord berichtet.«

»Noch nicht. Aber bestimmt können Sie uns dabei behilflich sein«, begann Nachtigall behutsam.

»Mein Name ist Julia. Sagen Sie Du.« Ihr Gesicht war ebenmäßig, die dunkelbraunen Haare fielen bis über ihre Schultern.

Wiener entdeckte Fotos an den Wänden. Von einem glücklichen Paar, verliebt, strahlend, unbeschwert. »Das seid ihr! Wer hat denn die Aufnahmen gemacht?«

»Tristram. Er kann gut mit der Kamera umgehen. Er wohnt hier um die Ecke – und seit man ihn exmatrikuliert hat, bleibt viel Zeit für sein Hobby.«

»Exmatrikuliert?«

»Ja. Er meint, es sei wegen des Namens. Wer will schon einen Wissenschaftler einstellen, der Tristram heißt, sagt er, deshalb hätte man beschlossen, ihm das Studium nicht weiter zu ermöglichen, weil das sinnlos sei. Er hat es schwer. Mit sich, mit allen, mit der Welt. Wovon er lebt, weiß ich nicht genau.«

»Du warst gestern mit Tiberius verabredet, nicht

wahr?« Nachtigall senkte die Stimme, für den Fall, dass an der Zimmertür gelauscht wurde.

»Ja. Aber ich hatte Stress mit meinen Eltern deswegen und konnte nicht weg. Wir wollten uns oben auf dem Spremberger Turm treffen.« Tränen rollten über ihre Wangen, Verzweiflung stand in ihren Zügen. »Wäre ich doch bloß einfach gegangen! Dann …«

»Das weißt du nicht. Wann hattet ihr den Termin vereinbart?«

»Vorgestern. Er hatte gesagt, er bekäme den Schlüssel und würde oben auf mich warten. Er sei so romantisch, der Blick über die beleuchtete Stadt.« Sie schwieg, drehte ein Taschentuch zu einer festen Rolle zusammen, ohne es zu bemerken. »Wer sollte ausgerechnet Tiberius umbringen? Er war der netteste Mensch auf der Welt. Nie wurde er wütend, nie laut, nie unfair. Warum?«

»Woher wollte er den Schlüssen bekommen?«, hakte Nachtigall nach.

»Das sei geheim, sagte Tiberius. Er dürfe nicht darüber sprechen, er hänge doch niemanden hin! So war er: Immer zuverlässig. Einer, dem man trauen kann.«

»Es gab niemanden, der ihn nicht mochte?«

»Wenn es mal Unstimmigkeiten gab, dann nur wegen dieser idiotischen facebook-Seite. Tristram heulte immer rum, behauptete, sein Name sei eine unüberwindliche Hürde für jeglichen Erfolg. Die Frauen seien an Männern mit so einem blöden Namen nicht interessiert. Dabei ist das Quatsch. Frauen finden ungewöhnliche Namen spannend, weil sie glauben, dahinter verberge sich ein ganz besonderer Charakter. Bei Tiberius hat das auch gestimmt!« Sie schluchzte leise und putzte sich die Nase. »Außerdem ist der Name kein Schicksal. Den kann man ändern lassen! Ist nicht mehr als eine Schönheits-OP.«

»Tiberius wollte seinen ändern lassen?«

»Aber nein! Tristram wollte. Er hat versucht, mich Tiberius auszuspannen. Aber das hat natürlich nicht geklappt. Wir lieben uns! Liebten!«

»Kennst du auch Zeus? Oder einen Jupiter?«

»Ne – sind die auch aus dieser facebook-Gruppe?«

»Vielleicht. Wir wissen es noch nicht.«

»Dann hat es vielleicht mit dieser zweiten Gruppe zu tun. ›Auf sanften Schwingen kommt der Tod – so will ich auf keinen Fall sterben‹.«

»Hat Tiberius gestern gar nicht versucht, dich zu erreichen? Schließlich hat er auf dich gewartet«, lenkte Nachtigall rasch ab.

»Moment! Mein Vater hatte mein Handy einkassiert. Ich gehe es holen!« Damit rauschte sie aus dem Zimmer. Kurz darauf hörten die beiden Ermittler sie gellend schreien. Sofort rannten sie ihr nach, fanden das Mädchen im Wohnzimmer kreischend auf dem Boden sitzen!

»Was ist hier los?«, herrschte Nachtigall den Vater an, während Wiener sich um Julia kümmerte, beruhigend auf sie einsprach. »Was ist hier passiert?« Drohend machte er einen Schritt auf den Vater zu. Der wich zurück, hob abwehrend die Hände. »Ich habe ihr nichts getan!«

»*Er* hat angerufen! Und du hast mir nichts davon

gesagt!«, schluchzte Julia. Sie hielt den Ermittlern das Handy hin. »Hier. Er hat ein Selfie gemacht, damit ich sehe, dass er noch da ist!«

Wiener guckte gespannt auf den kleinen Bildschirm. Wer liebt, der wartet bis in die Ewigkeit, stand in der Begleitnachricht. »Das Bild ist zu klein. Kannst du mir das als Mail schicken?«, fragte er das Mädchen. Julia nickte. »Klar. Deine Adresse?«

Wiener suchte auf dem Rückweg zum Auto nach der Gruppe mit der seltsamen Bezeichnung auf seinem Tablet.

»Ist doch nicht zu glauben! Was die jungen Leute alles von sich preisgeben! Die wissen doch gar nicht, wem sie all das erzählen. Vielleicht einem sadistischen Mörder, der nur auf solch eine Gelegenheit gewartet hat. Der bringt dir dann genau den Tod, vor dem du dich am meisten fürchtest.« Er klickte sich durch die Kommentare. »Hier. Tiberius hat geschrieben, er fürchte sich vor einem einsamen Tod unter freiem Himmel in der Dunkelheit. Allein sterben wolle er auf gar keinen Fall. Und Zeus ist auch vertreten. Er hasst das Wasser und fürchtet einen Tod, der ihn ersticken oder ertrinken lässt. Jupiter finden wir sicher auch hier. Sag ich's nicht? Jupiter hat Angst lebendig begraben zu werden. Unser Täter sammelt das und setzt die Ängste in Handlung um. Verdammt. Den müssen wir aufhalten.« Er tippte eine Nummer in sein Handy, informierte die Kollegen über die neue Entwicklung. Meinte dann: »Sie setzen Hunde ein. Vielleicht finden sie ihn noch lebend!«

Das kleine Gerät produzierte einen melodischen Dreiklang. »Oh, das ist sicher die Mail von Julia.« Er öffnete ein neues Fenster auf dem Display. »Sieh mal. Da im Hintergrund – da ist doch jemand!«, behauptete er aufgeregt. »Siehst du den Schatten?«

Nachtigall beugte sich über das Foto.

»Kannst du rausfinden, wer diese Gruppe zur Todesangst ins Leben gerufen hat?«

Wiener summte, während er immer neue Seiten aufrief. »Ist nicht so einfach.«

»Okay. Holen wir uns den Kerl!« Nachtigall zerrte mit finsterer Miene seine Jacke von der Lehne des Stuhls. Wiener beeilte sich, ihm zu folgen.

Tristram war in der Cafeteria der BTU schnell zu finden.

»Sie schon wieder?«

»Ja. Was haben Sie gestern gemacht, nachdem wir Sie verlassen hatten?«, wollte Nachtigall wissen.

»Ich bin nach Hause gefahren.«

»Zeugen?«

»Nein.« Unsicher huschten die Augen des jungen Mannes zum Ausgang.

»Sie haben uns nicht alles über gestern Abend erzählt. Und Tiberius kannten Sie besser, als Sie uns glauben machen wollten.«

»Ich wohne in der Nähe von Julia. Manchmal bin ich den beiden begegnet. Wir haben ein paar Worte gewechselt. Gut.«

»Nein. So ist es nicht gewesen. Tiberius hat Sie gesehen, als Sie eine Gruppe Touristen durch die Stadt führten. Er wollte von Ihnen den Schlüssel zum Spremberger Turm. Er fand es romantisch, sich dort mit Julia zu treffen. Dem Mädchen, das Sie liebten!«

Der junge Mann wurde blass. »Woher …?«

»Sie haben sich von vielen Leuten mitteilen lassen, welchen Tod die Leute am meisten fürchten. Dann haben Sie Tiberius auf genau diese Weise sterben lassen. Und Zeus, weil er wusste, dass Sie Tiberius den Zugang zum Turm ermöglicht haben, nicht wahr?«

»Ich sag nichts mehr.« Tristram kreuzte die Arme vor der Brust.

»Sie haben Ihre Eltern für alles verantwortlich gemacht, was in Ihrem Leben schiefgelaufen ist – nur wegen der Wahl des Namens. Aber als Sie Julia trafen, stürzte Ihr ganzes Lügengebäude zusammen. Deshalb musste Tiberius sterben. Weil er es geschafft hatte.«

»Was wissen Sie denn schon? Sie heißen Peter! Sie haben keine Ahnung, was Menschen wie ich auszuhalten haben!«, zischte Tristram zornig.

»Und dann fand Ihre Mutter auch noch einen Roman. Schon den zweiten, nicht wahr. Nach dem von Sterne gab es auch noch einen modernen, einen Agententhriller. Das konnte nicht sein! Jemand mit Ihrem Namen war doch keiner von den Guten! Von denen, die Erfolg haben! Ihre Theorie brach in sich zusammen! All ihr Scheitern hatte mit dem ausgefallenen Namen nicht das Geringste zu tun.«

Tristram Kaminski starrte trotzig in eine Kaffeepfütze auf dem Tisch.

»Nach dem Mord an Tiberius wurde Ihnen klar, dass die Polizei Ihnen auf die Spur kommen könnte. Sie beschlossen eine unglaubliche Vertuschungsaktion. Zeus musste sterben, damit das Offensichtliche, nämlich die Liebe zu Julia und die Eifersucht auf Tiberius für die Ermittlung an Bedeutung verloren.«

»Zeus war eine Null. So ein großer Name für ein hilfloses Würstchen, das sich sogar vor Wasser fürchtete. Er konnte nicht mal schwimmen. Ich habe bis zu seiner letzten Sekunde seinem Sterben zugesehen. Und da habe ich begriffen, dass jemand wie Tristram Macht haben kann! Sehen Sie, ich hätte ihn retten können – er ist jämmerlich ertrunken, weil ich es so wollte. Ihn raus ans Fließ zu bringen, war nun keine Hürde. Sein Gesicht … nun, das hat sich so ergeben. Und Jupiter wird auch sterben. Nur schade, dass ich ihm nicht zusehen kann. Tristram entscheidet über Leben und Tod!« Das Gesicht des jungen Mannes hatte sich in eine Fratze verwandelt, Speichel sprühte auf Nachtigalls Sakko, als er all seinem Hass freien Lauf ließ.

»Jupiter ist hier!«, meldete sich eine schwache Stimme. »Du Arsch! Die haben mich zum Glück rechtzeitig gefunden. Jupiter lebt.«

Nachtigall gab Michael Wiener ein Zeichen. »Pack ihn ein.«

FREIZEITTIPPS:

Abendtour und Stadtführung werden regelmäßig angeboten (Informationen bei der Touristeninformation, Stadthalle).

96 Spremberger Turm auch Schinkelturm genannt, Wahrzeichen der Stadt, erbaut im 13. Jhd., 31 Meter hoch, Sockeldurchmesser 8,89m, Turmkörper 7,67m Wandstärke, am Turmschaft 1,61m.

97 Altmarkt, im Herzen der Innenstadt, komplett neu strukturiert, Veranstaltungsort für Themen-Märkte wie Weihnachtsmarkt, Ostermarkt oder zum Stadtfest.

98 Liebevoll restauriertes Ensemble von Bürgerhäusern in sächsischem Barock und klassizistischen Traufenhäusern, heute sehr lebendiger Teil der Stadt mit Kneipen und Restaurants.

99 Apothekenmuseum: regelmäßige Führungen, Laborbesichtigung.

100 Oberkirche St. Nikolai: größte Kirche der Niederlausitz, spätgotisch, dreischiffiges Backsteingebäude, Sterngewölbe, Hochaltar, herrlicher Rundblick vom 55 Meter hohen Turm.

101 Gerichtsberg, mit restauriertem historischem Fachwerkgebäude und Wasserlauf an der Flanke des Berges.

102 Wendisches Museum: 16 Ausstellungsräume, Trachten, Brauchtum und Entwicklungsgeschichte der wendischen und sorbischen Kultur.

103 Krabat, Bronzestatue einer Sagengestalt vor dem Museum.

104 Stolpersteine, aus poliertem Messing ins Pflaster eingelassene Gedenksteine, z. B. vor den Wohnhäusern von Verfolgten und Ermordeten des Nazi-Regimes, mit deren Namen und Lebensdaten.

105 Klosterplatz, Klosterkirche, auch wendische Kirche, gehört zum ehemaligen Franziskanerkloster an diesem Platz, Grabplatte des Stadtgründers und seiner Frau mit dem Wappentier.

106 Stadtmauer, Teile der Wehranlage sind erhalten.

107 Teehaus, japanisches Teehaus an der Töpferstraße.

108 BTU, Brandenburg Technische Universität Cottbus-Senftenberg.

109 IKMZ der BTU Cottbus, architektonisches Schmuckstück der Stadt in moderner Bauweise, Bibliothek und Medienzentrum der Technischen Universität, kleeblattförmiger Bau mit Glasfassade.

110 Schlosskirchplatz mit Kirche, einschiffige Kirche mit neugotischem Turm.

111 Audioguides, Mühlentour: audio-visuelle Tour ab Spremberger Turm entlang der Spree; unterstützt vom Audioguide oder der kostenfreien herunterladbaren Datei für Ihr Gerät, gelingt es mühelos, in die Welt der Sagen und Erzählungen rund um die Mühlen einzutauchen. Die Strecke führt durch die Altstadt am Spreeufer entlang: Spreewehrmühle und Mühlenmuseum, Wilhelmsmühle, Madlower Mühle, Kutzeburger Mühle. Gesamtstrecke etwa 25 km – weitere Audioguidetouren verfügbar.

112 Puschkinpromenade: Straße entlang der alten Stadtmauer, Puschkinpark, Teil der Altstadt mit beeindruckenden Bürgerhäusern.

113 Postkutscher, Bronzeskulptur am Lindentor in der Stadtmauer.

114 Loh-und Weißgerberhäuser, Werk- und Wohnhäuser der Weißgerber, ab 1727.

115 Spremberger See, Talsperre, Wasserrückhaltebecken und Regulationsbecken für die Pegelstände der Spree und der Fließe im Spreewald, Strand, Badesee.

DEIN WILLE

Ich war ja von Anfang an dagegen. Ich habe gleich gesagt, dass ich die Idee für richtig blöd halte.

Klar, Geldbeschaffungsmaßnahmen taten not – aber so was? Ist doch nur mit Ärger verbunden.

Und die ganze Vorbereitung!

Eigentlich brauchten wir die Kohle gleich – konnten nicht noch einmal bei Piet um Aufschub winseln. Der hatte schon beim letzten Mal deutlich gemacht, dass er nicht mehr warten würde.

Weihnachten stehe vor der Tür – oder so ähnlich –, hatte er noch gemurmelt. Und: Er brauche den Schotter pünktlich zum neuen Termin.

Damit wir das Eintragen in den Kalender nicht vergaßen, sorgte er für eine Erinnerungsmarke.

An mir! Die Narbe wird am Ende ein bisschen aussehen wie die von Frank Ribéry – aber ein echter Trost ist das nicht.

Diesmal also musste beim Treffen ausreichend Geld im Spiel sein.

Ich wollte gar nicht wissen, wo Piet sonst mit seinem Messer bei mir hinstechen würde. Könnte sein, der kalte Stahl, der in meinen Körper dringt, wäre das Letzte in meinem Leben, was ich noch spüre. Daran hatte ich nun echt kein Interesse.

Ich erzähle Ihnen das auch nur, damit verständlich wird, warum das finanzielle Problem mit einem Mal solche Ausmaße angenommen hatte.

Felix kam vor etwa einem Monat mit der neuen Idee in den Club.

Wie gesagt – ich war dagegen.

Genutzt hat es natürlich nichts. Wir tun am Ende immer, was Felix vorschlägt.

Ein sauberer Bankraub ist fix erledigt und bringt ausreichend Cash, um Piet auszubezahlen, wandte ich ein. Doch Felix hielt dagegen, dass man nie wüsste, wie viel Geld man erbeute, und außerdem stünden wir im schlimmsten Fall nach der Übergabe wieder mit leeren Taschen da und das Ganze beginne von vorn. Bei seinem Plan wäre von vornherein ein großes Polster für uns eingeplant – und wir wüssten sicher, wie viel wir bekämen und wann. Weil nämlich wir das Heft des Handelns in der Hand hätten.

Auf meine Frage, was für ein verdammtes Heft denn nun schon wieder gemeint sei und ob er das am Ende mit Buch verwechselt habe, da grinste Felix so herablassend, dass ich auf eine Antwort nicht bestand. Vielleicht, überlegte ich mir, stand da der Plan drin, in dem Heft. Wobei ich persönlich der Meinung bin, es sei besser, solche Dinge nicht aufzuschreiben.

Es stellte sich raus, dass Felix schon eine Menge Vorarbeit geleistet hatte.

Das Opfer zum Beispiel beobachtete er schon seit mehreren Tagen.

Hatte stundenlang in Vetschau 116 auf der Lauer gelegen.

Und das war gar nicht so einfach gewesen, weil der Kerl ständig auf Achse war.

Offensichtlich hatte der ein Faible für Störche. Kroch um das Storchenzentrum rum, das Zentrum Weißstörche, um das Informationszentrum Biosphärenreservat. Erst dachte Felix, der hat es mit dem Naturschutz. Aber der guckte sich auch das Schloss an und hätte Felix fast abgehängt, als er mit dem Rad zur Kirche gefahren war, weil der das Auto weiter weg geparkt hatte. Und zu Fuß war so eine Verfolgung schwierig, wenn der andere radeln konnte.

Er wusste aber inzwischen, wann das Opfer wo anzutreffen war, hatte praktisch den ganzen Plan schon fertig.

Wie hätte ich mich da verweigern können?

Außerdem, wie gesagt, setzt Felix seinen Willen immer durch.

Haben Sie schon mal darüber nachgedacht, dass es sein könnte, dass der Tod sich über Leute wie uns freut? Sich die Hände reibt, wenn er uns bei solchen Planungen belauscht? Vielleicht gibt er uns die Ideen sogar ein.

Ich denke, es ist wirklich so.

Der demografische Faktor spielt dem Schnitter natürlich in die Hände, aber langfristig gesehen bekommt er Probleme. Die Sterberate stimmt dann nicht mehr, zu wenig Opfer. Und so gut wie kaum mehr junge Menschen. Haben Sie sich mal die Verkehrsstatistik angesehen? Sichere Autos, Technik, die menschliche Fehler ausbügelt. Da kann einem als Gevatter Tod schon mulmig werden. Bei ihm landet so gut wie kaum noch einer. Typen wie wir, die kommen ihm da gerade recht!

Meine Rolle war auch fertig – den Text sollte ich auswendig hersagen können, ohne mich zu verhaspeln. Nun ja, so viel Text war es nun auch wieder nicht, und Felix meinte, ich müsse eben situativ kreativ reagieren. Kein Problem, dachte ich.

Er selbst wollte den Rest vorbereiten, die Verkleidung besorgen. Den Jungen wollten wir im Schuppen eines unbewohnten Hauses irgendwo am Rand von Eichow verstecken. Felix behauptete, die Touristen kämen nur wegen des Mahnmals 117, die würden sich für uns ganz sicher nicht interessieren und außerdem wisse er von einem leerstehenden Objekt. Ob er auch ganz sicher sei, fragte ich. Er war. Dort wohne schon seit Jahren niemand mehr, erklärte er überzeugt, ich könne das gern selbst überprüfen.

Wir hätten die Finger von der Sache lassen sollen.

So aber ahnten wir nichts von dem, was sich über unseren Köpfen zusammenbraute.

Den Kleinen anzusprechen war einfach.

Ich wusste von Felix, dass er Kanu fuhr. »Ey, kann es sein, dass ich dich neulich auf der Spree habe paddeln sehen?«, sprach ich ihn im Supermarkt bei der Schokolade an. »Beim Spreewehr 118? In Cottbus?«

Er sah mich einen Augenblick prüfend an, so als wolle er herausfinden, ob ich ihn verarsche, dann nickte er kurz, fast scheu. »Am Spreewehr kann das nicht gewesen sein, das verwechseln Sie bestimmt«, sagte er leise. Ich kam für einen Moment aus dem Tritt. Hatte Felix doch nicht so gründlich recherchiert, wie er behauptet hatte? Nach der Schrecksekunde machte ich einfach weiter in meinem Text. So, als habe der Junge gar nichts gesagt.

»Julian Bender, nicht? Du bist richtig gut. Hohe Schlagzahl, sichere Fahrweise, tolle Haltung. Du gehörst ganz bestimmt nicht zu denen, die ein Rennen verlieren, weil sie schon beim Start umkippen.«

»Woher wissen Sie das denn?«, fragte das Kind aggressiv.

»Ich bin früher auch Kanu gefahren«, log ich. »Und wie gesagt, ich habe dich gesehen. Du bist mir aufgefallen, weil du besser als die anderen fährst.« Ein wenig Honig ums Maul kann nicht schaden, dachte ich und bemühte mich um situativ kreatives Reagieren. »Ich sehe so was gleich.«

»Sie sind ein Scout?«

»Nö. Mit Indianern habe ich nichts am Hut, und Pfadfinder sind langweilig.«

Er sah mich verblüfft an. Mir wurde übel. Offensichtlich hatte ich den Gesprächswagen gegen die Wand gefahren, irgendetwas Dummes gesagt.

»Der war gut!«, lachte er plötzlich und deutete mit dem Zeigefinger auf mich. »Der war wirklich gut!

Und ohne eine Miene zu verziehen! Todernst!« Er wollte mit dem Lachen gar nicht mehr aufhören.

»Lust auf ein Eis?«, lenkte ich geschickt ab, um ihn aus der Öffentlichkeit zu locken. Mir war aufgefallen, dass einige Leute sich interessiert nach uns umgesehen hatten, als Julian so laut zu lachen begonnen hatte.

Das war kein Problem. Die Verkleidung würde mich und meine Identität schützen.

Er kam brav mit.

Ich spendierte ihm ein Eis und behauptete, in meinem Wagen hätte ich ein paar Fotos, die ich von ihm geschossen hatte, am Wochenende, an der Spree. Die würde ich ihm gern zeigen, wenn er …

Ihn ins Auto zu zerren?

Keine Hürde. Felix packte ihn, hielt ihm den Mund zu und ich vertäute Arme und Beine. Ging super schnell!

Dass Felix nicht begeistert darüber war, dass ich Julian gesagt hatte, wir würden meinen Freund Felix am Auto treffen, konnte ich im Nachhinein verstehen. Auch seinen Zorn darüber, dass ich mit dem Kleinen so viel über mich und meine Probleme … nun, zurücknehmen konnte ich das nicht mehr, beim Eis essen plauderte es sich eben ganz angenehm, und der Junge schien auch nicht allzu interessiert zu sein. Bestimmt vergaß er mein Gequatsche schneller, als er das Eis hatte wegschlecken können.

Gut verstaut stellte Julian kein Risiko mehr dar. Wir fuhren zum Versteck.

Zu unserer Überraschung parkte ein Wagen auf dem Hof.

»Ey, die Karre kenn ich!«, stellte ich fest, und Felix boxte mir heftig in den Oberarm.

Gut, die Tatsache, dass das Haus nicht unbewohnt war, konnte zum Problem werden – aber dass es nun ausgerechnet Piet gehörte; wenn schon Pech, dann eben richtig. Sonst lohnt es sich ja nicht.

»Mach dir nichts draus, Felix«, wollte ich meinen Freund trösten. »So können wir ihm den Anteil am Lösegeld einfach unter der Tür durchschieben.«

Felix sah mich so seltsam an, dass ich besser meine Klappe hielt.

Er kann manchmal richtig komisch werden, der Felix.

»Sei nicht bescheuert. Piet hat einen roten Rennschlitten und keine blaue Familienkutsche ohne Beschleunigungsmoment. Das ist nur jemand, der pinkeln muss.«

»Was machen wir in der Zwischenzeit?«

»Wir fahren weiter, drehen eine Runde und kommen später zurück. Da ich den bisher nie hier gesehen habe, bleibt er sicher nicht lang. Ist irgendein blöder Zufall.«

»Meinst du, das ist ein Tourist?«

Felix zuckte mit den Schultern. Auf das Nummernschild hatten wir beide nicht geachtet.

»Dann ist er vielleicht auf dem Weg zur Gutsanlage in Repten [119]. Oder will sich die schwimmenden Häuser auf dem Gräbendorfer See [120] angucken. Toll. Aber sauteuer!«

»Für Wassersport ist es schon ein bisschen spät.«

»Mann! Was weiß denn ich, wohin er wollte? Gibt noch viele Ziele hier. Zur Gutsanlage in Ogrosen [121] fahren auch manche, oder nach Laasow [122], die schauen sich da das Schloss an und einige kommen extra wegen der Windkraftanlage.«

Ich staunte nicht schlecht, wie gut Felix sich bei uns auskannte.

Gute zwei Stunden später zuckelte der Wagen aus der Einfahrt – und wir hatten freie Bahn!

Für eine Pinkelpause ganz schön lang, dachte ich, aber behielt das lieber für mich.

Felix zog sich eine Sturmhaube über den Kopf, verlangte von mir, dass ich meine ebenfalls übers Gesicht zerrte, dabei kannte der Kleine mich doch. Holte den Jungen aus dem Wagen. Löste die Fußfesseln. »Du glaubst nicht im Ernst, dass ich dich trage!«, raunzte er den Jungen an und schubste ihn vor sich her in eines der Nebengebäude. Öffnete eine quietschende Tür. Stieß Julian unfreundlich hinein.

»So. Hier wirst du nun bleiben, bis deine Eltern gezahlt haben. Du solltest anfangen zu hoffen, dass sie es sehr schnell tun.«

»Ich habe Hunger. Und Durst.«

Darauf waren wir natürlich vorbereitet. Kinder haben schließlich immer Hunger und Durst.

Obwohl ich es nicht sehen konnte, wusste ich, dass Felix hinter dem schwarzen Strick grinste. Genau das hatte er vorhergesagt. »Du wirst sehen, der ist kaum aus dem Auto raus, da jammert er nach was zu essen und zu trinken. Das heißt, dass er sich mit der Situation arrangiert. Keine Probleme mehr. Sie wollen es sich nicht mit dem verderben, der sie versorgt. Stockholm, sage ich nur.«

Was das mit Schweden zu tun hatte, blieb mir unverständlich, und manchmal ist es besser, nicht nachzufragen.

Der Felix kannte sich eben gut aus mit Psychologie.

Vielleicht wusste Julian das nicht.

Während Felix nämlich nach der Lebensmittelkiste griff, die unter der Pritsche stand, da rannte der Junge plötzlich los, rammte mir kraftvoll den Kopf in den Magen.

Ich ging praktisch sofort zu Boden.

Aus mir kam ein seltsamer Laut, und ich dachte im ersten Moment, ich hätte meine Seele mit dem letzten Atemzug ausgehaucht.

Aus dem Augenwinkel bemerkte ich, wie Felix dem kleinen Kerl nachsetzte.

Danach war nur noch Schwärze.

Als ich langsam zu mir kam, waren die beiden wieder zurück.

Saßen nebeneinander auf der Kante des Notbetts und keuchten.

»Noch so was und ich bring dich um!«, röchelte Felix, und es klang trotzdem sehr eindrucksvoll.

Der Junge zog die Knie unters Kinn und machte ein angstvolles Gesicht.

Felix zog die Verpflegungskiste hervor.

»Also, was ist nun mit Hunger?« Ich glaube, er wollte geschickt seine Psychologie wieder ins Spiel bringen. Sicher dachte er, wenn Julian erst einmal von dem gegessen hatte, was seine Entführer für ihn gekauft hatten, käme der Rest von ganz allein.

Leider ging das gründlich daneben.

»Das könnt ihr allein fressen! Ich habe Zöliakie – ich kann nur ganz bestimmte Dinge essen. Und die sind hier praktisch nicht dabei.« Der arrogante Ton missfiel Felix, und er antwortete in der einzigen Sprache, die er fehlerfrei beherrschte.

Die Lippe des Jungen war offensichtlich nicht an den Kontakt mit einer harten Männerfaust gewöhnt.

Der Kopf wurde zurückgeschleudert, der Kleine stöhnte und Blut lief plötzlich überall hin.

»Das hat unser letztes Geld gekostet. Friss es oder lass es!«, zischte Felix so wütend, dass ich Angst bekam, er könne Julian sofort umbringen.

Was keine gute Idee gewesen wäre, denn wir brauchten das Lösegeld dringend – und aus dem Fernsehen wusste ich, dass die Angehörigen meist einen Lebensbeweis forderten. Und wie sollten wir den wohl beibringen, wenn der Junge … Ich zog Felix kurzerhand weg. Draußen vor die Tür.

»Mann! Hör auf mit dem Scheiß! Wenn du was kaputt machst, ist er am Ende weniger wert und unsere Rechnung geht nicht auf«, mahnte ich. »Ist wie beim Auto. Mit Beulen bringt es nicht so viel.«

Felix grunzte bloß.

Julian tat mir leid.

Als ich zurückkam, liefen Tränen über seine Wangen. Die Lippe war auf der linken Seite gewaltig angeschwollen, Sabber tropfte aus seinem Mund.

»Na, nun heul mal nicht. Ist doch nichts passiert. Die Lippe heilt fix wieder, und du siehst aus wie neu.«

Als er antworten wollte, hörte sich das sehr eigenartig an. Er gurgelte und schmatzte, doch so richtig verstehen konnte ich nicht, was er sagte. Lag wohl an der dicken Lippe.

»Ich habe meine Spielekonsole dabei. Wenn du willst, dann leihe ich sie dir aus«, bot ich ihm an, um ihn abzulenken.

Von draußen war das Aufheulen eines Motors zu hören.

Felix brachte also den Erpresserbrief zum Kasten. Gut, dann lief nun alles an, und in zwei Tagen lösten sich all unsere Pietprobleme in nichts auf. Ein neues Leben konnte beginnen.

Als Felix zurückkam, sah er irgendwie sonderbar aus.

»Die Entführung ist schon im Radio gemeldet worden. Es gibt einen Riesenwirbel um den verwöhnten Knaben hier!«

»Ich bin nicht verwöhnt!«, protestierte Julian nuschelnd und fing sich eine saftige Ohrfeige ein.

Als Felix sich maulend verzogen hatte, spielten Julian und ich weiter.

Eigentlich war er ein richtig netter Junge. Es tat mir leid, dass wir uns ausgerechnet ihn für unseren Plan ausgesucht hatten.

»Ich war letzte Woche mit meinen Eltern im Hochseilgarten 123. Bei der Talsperre. Das war toll.«

Ein wenig neidisch hörte ich ihm zu. Er konnte lebendig erzählen – wenn auch ein wenig undeutlich, aber man hörte sich ein. Er hatte wenigstens eine Familie. Ich nicht.

Felix tobte nicht schlecht, als ich ihm in der Kneipe in Cottbus von dem Gespräch erzählte.

»Sag nicht, dass du ihm auch noch deinen Namen verraten hast! Oder deine Adresse!«

Natürlich behauptete ich entschieden, keine derartigen Informationen weitergegeben zu haben. Doch Felix bohrte mir einen prüfenden Blick ins Gesicht, dessen Ergebnis ein zugeschwollenes Auge und eine wohl zumindest angebrochene Nase war. Eigentlich hatte ich ja den Ratskeller 124 in Vetschau vorgeschlagen, doch diese Kneipe gibt es ja nicht mehr. Mist! Wäre viel näher gewesen und ich wollte den Jungen nicht so lang allein lassen. Nach der Prügelei warf uns der Wirt natürlich raus. Dort haben wir jetzt Hausverbot. Felix war ein echter Idiot. Immerhin konnten wir sonst bei ihm anschreiben lassen. Jetzt hatten wir auch noch diese Rechnung an der Backe.

Überhaupt. Mir gefiel die ganze Sache immer weniger.

»Wieso ausgerechnet der Junge? Hättest du dir nicht einen anderen aussuchen können?«

»Sag mal, du spinnst wohl! Der Junge ist perfekt. Deshalb habe ich ihn ausgewählt. Die Familie badet im Geld! Alle Schubladen und Schränke im Haus sind voll mit Euroscheinen! Wir wollen nur ein kleines bisschen davon abhaben! Kapier das endlich: Wir lassen den Kerl gehen, sobald das Geld in unserem Besitz ist.«

Ich mag es nicht, wenn Felix so geschwollen daherredet. Und in Geld baden stelle ich mir nicht so angenehm vor. »Wenn in den Schränken so viel Geld ist, wo lassen die denn ihre Klamotten? In Kisten? Das ist total unpraktisch. Nach meinem letzten Umzug hatte ich keinen Bock, die Kartons auszuräumen. Eine einzige Sucherei!«

Felix sah mich lange unergründlich an. »Bist du eigentlich wirklich so doof oder spielst du das nur geschickt?«

»Wie meinst du das?«

»Doch ein echter Vollpfosten!«, schnaubte er und stapfte wütend zum Auto zurück.

Piet erwartete uns schon.

Hockte auf der obersten Stufe vor Felix' Wohnungstür.

»Habt ihr heute mal Nachrichten geguckt? Der Junge

der Benders wurde entführt, glaubt die Polizei. Und ich glaube das auch – nämlich von euch«, sülzte er zuckersüß, was so gar nicht zu seinem Körper Bauart extrabreit und der Glatze passen wollte. Er trug ein schwarzes T-Shirt. Zum ersten Mal wurde mir bewusst, dass seine Bizeps dicker waren als mein Oberschenkel an der muskulösesten Stelle. Der Kloß in meinem Hals behinderte plötzlich das Schlucken, mein Speichel begann sich im Mund zu sammeln. Wenn ich nicht an Ort und Stelle ersticken wollte, würde ich ihn ausspucken müssen. Einfach so, Piet vor die Füße … Nein! Eine Eskalation der Lage war unbedingt zu vermeiden.

»Ihr Idioten! Eine Entführung scheitert immer bei der Lösegeldübergabe! Und natürlich ist mein Anteil höher als die Schulden, die ihr bei mir habt. 80 zu 20 wenn es am Ende doch klappen sollte – nur dass das klar ist.«

Ich würgte, hustete, schluckte, hustete.

»Was machst du überhaupt hier?« Felix hielt die Strategie für besonders smart. Vorwärtsverteidigung nannte er das. Piet schien aber die Cleverness nicht zu bemerken. Er lief puterrot an, sein Körper nahm an Volumen deutlich zu, er begann zu pumpen.

»Du Witzfigur! Ich bin niemandem Rechenschaft schuldig – und solch einem Würstchen wie dir gleich gar nicht! 80 zu 20! Dabei bleibt's.«

Der massige Kerl drehte sich um, und wir standen etwas ratlos auf dem Treppenabsatz herum.

»Wenn du ihm 80 Prozent gibst, dann bleibt von dem Rest kaum genug übrig, damit ich meine Mietschulden und den anderen Scheiß zahlen kann. Die schmeißen mich achtkantig raus!« Ich hörte ja selbst, wie weinerlich das klang, klar; war mir peinlich. Aber wo sollte ich denn hin, wenn ich aus der Wohnung geworfen wurde? Unter die Spreebrücken?

»Halt die Klappe«, fauchte Felix nur und sah frustriert aus.

Er hatte also auch keine Idee.

Der Junge wartete schon auf mich. Ich hatte ein Partnerkabel mitgebracht, und so konnten wir auf der Spielekonsole gegeneinander antreten. Schon bald waren wir eifrig damit beschäftigt, uns gegenseitig das Spielerleben schwer zu machen. Seine Wangen röteten sich vor Begeisterung, und ich freute mich, dass er nicht mehr so krank aussah.

Felix war nicht geblieben.

Erst hatte ich gar nicht bemerkt, dass er gegangen war, doch dann fiel mir auf, dass außer unseren Geräuschen nichts zu hören war. Und Felix maulte eigentlich permanent.

»Dein Freund ist weg«, wusste Julian. »Der ist gleich raus, als du das Kabel ausgepackt hast. Ihr mögt euch nicht so wirklich, oder?«

Ich durfte nicht über uns sprechen. Das hatte Felix mir immer wieder erklärt. Also wich ich ein wenig aus. »Wir kennen uns schon ziemlich lange, weißt du. Da lernst du im Laufe der Zeit, mit den Zicken des anderen klarzukommen.«

»Wie bei einem alten Ehepaar!« Julian lachte.

»Ein bisschen«, stimmte ich ein.

»Ihr habt mich wegen eines Lösegelds verschleppt.«

»Ja«, räumte ich kleinlaut ein. Wenn man es so auf den Punkt brachte, klang es fast, als wären wir anschaffen gegangen, hätten unsere Körper ... Jedenfalls kam der Eindruck von Mut oder Heldentum nicht auf. Bankraub. Das wäre die viel bessere Variante gewesen!

»Wenn das hier vorbei ist und ich zurück bei meinen Eltern bin, frage ich meinen Vater, ob er nicht einen Job für dich hat.«

»Das ist super nett von dir. Aber der wird kaum den Entführer seines Sohnes einstellen wollen.«

»Muss er ja nicht erfahren. Ich werde dich schon nicht hinhängen.«

Spontan umarmte ich den Jungen. Der war ja wirklich ein Pfundskerl!

Ich glaube, in dem Moment dachte ich zum ersten Mal daran, ihn aus dieser beschissenen Lage zu befreien.

Einfach gehen lassen war nicht drin. Felix hätte sofort gewusst, dass ich ... nein, nein. In meinem Alter will man noch nicht sterben. Ein guter Plan musste her.

Felix holte mich Stunden später ab.

»Los, steig ins Auto ein«, blaffte er mich an, nachdem er mich und Julian aus dem Heu gescheucht hatte. »Ich dachte, du bewachst das Gör. Nee! Ihr pennt. Beide. Aneinandergekuschelt! Der ist nicht mal mehr angebunden!«

»Es war kalt. Wir haben gefroren. Außerdem hat der Junge Bauchschmerzen von dem Zeug, das er essen muss.«

»Halts Maul und steig in den Wagen.«

»Wohin wollen wir denn?«

»Wirst du schon sehen!«

Meine Güte, hatte der eine Laune! Das konnte nur ernsthaften Ärger bedeuten – wahrscheinlich machte Piet Stress.

»Quatsch nicht rum!«

Wir preschten mit Kavaliersstart los.

»Piet ist tot.«

Der Parkplatz vor der Slawenburg [125] war um diese Zeit leer. Dennoch sah ich mich nervös um. Keiner zu sehen.

»Na, dann müssen wir nicht mit ihm teilen.« Warum war Felix wegen so guter Neuigkeiten nur so mieser Stimmung? »Toll! Ich fliege nicht aus meiner Wohnung.«

»Der Junge hat uns beide gesehen. Der wird uns beschreiben – und die Bullen werden uns so schnell am Arsch haben!« Er schnippte mit den Fingern.

»Der petzt nicht.«

»Piet wurde erschlagen. Die Bullen denken, dass ich das war.«

»Und, warst du es?«

Felix schwieg, starrte auf seine Hände. Die waren voller blutiger Stellen! Ganz offensichtlich hatte er sich geprügelt. Okay, es stimmte wohl, er hatte Piet totgeschlagen.

»Im Fernsehen habe ich einen von den Bullen gesehen. Nachtigall heißt der. Und die Eltern des Knaben haben die Entführer angefleht, den Jungen gehen zu lassen. Verstehst du? Die haben die Polente informiert, obwohl in dem Schreiben stand, dass sie das nicht dürfen!«

»Aha?«

»Dieser Bulle behauptete, man habe eine heiße Spur. Piet, die Drecksau hat uns verraten. Das ist mal klar!«

»Warum? Er wollte doch 80 Prozent?«

»Die Belohnung wird sicher verlockend gewesen sein. Öffentliches Lob, sauberes Geld. Bunte Scheine ohne Zeichen oder laufende Nummern. Er hätte es direkt aus dem Koffer zum Bezahlen nutzen können!«, knirschte Felix zwischen den Zähnen hindurch.

»Er wollte uns auffliegen lassen? Das geht ja nun nicht mehr. Er ist tot!«

»Hör zu! Wir fahren jetzt zu diesem Knaben zurück. Wenn die Bullen schon dort sind, hauen wir ab. Wenn nicht, hat Piet wohl noch um die Belohnungssumme gefeilscht und nicht verraten, wo der Junge ist.«

»Vielleicht wusste er das gar nicht. Ich glaube, er hat auch nicht sicher gewusst, dass wir Julian entführt haben. Er hat geblufft.«

»Oh, Herr Superschlau. Was, wenn doch? Wir machen es so: Du lenkst den Knaben ab, ich schleiche mich ran. Wir müssen ihn loswerden. Begreifst du, was ich sage?« Er packte mich am linken Arm und schüttelte mich kräftig, als hätte ich das nötig, des Begreifens wegen.

»Ne!«

»Oh, doch! Er ist der Einzige, der die Täter beschreiben kann!«

Nun, wo ich Julian näher kannte, war mit mir über diese Art der Problemlösung nicht zu reden. »Ne!« Der Junge hatte recht. Felix und ich verstanden oder mochten uns im Grunde nicht wirklich. »Das ist Mord! Ne, nicht mit mir! Immer nur nach deinem Kopf. Dein Wille ist entscheidend. Diesmal mach ich nicht mit.«

Ich war ja von Anfang an dagegen.

Fand die ganze Idee blöd.

Und dann … passierte was.

So ein Messer flutscht erstaunlich leicht durch den Pulli in den Körper eines Menschen. Hatte ich gar nicht gedacht. Bis Anschlag. Und so viel Blut kam gar nicht. Ein Fleck. Mehr war erst mal nicht. Felix röchelte erstaunt. Dann war alles still.

Wohin mit der Leiche?

Einfach rauswerfen?

Das ging nicht. Ich wollte Julian befreien. Solange durfte man Felix nicht finden. Wenn die Polizei von Piet ohnehin schon Bescheid wusste, musste ich mich beeilen!

Ihn auf den Beifahrersitz zu hieven, war schwierig. Der Muskelmann wog sicher fast zwei Zentner.

Kurz entschlossen fuhr ich nach Burg. Ziemlich weit weg von Eichow, fand ich. Weit genug jedenfalls.

Unterwegs hielt ich kurz an.

Um diese Zeit war dort, wo sich sonst Touristen tummelten, niemand zu sehen. Ich fuhr den Wagen auf den Hof, den ich zufällig entdeckt hatte, nah ans Gebüsch am Fließ. Hatte eine Scheißangst ins Wasser zu fahren, ich sah ja nichts in der gerade einsetzenden Dämmerung. Dort lud ich Felix aus. Versteckte ihn notdürftig. Brauste zurück nach Eichow. Es war schon Frühstückszeit und Julian hatte sicher Hunger. Unser letztes gemeinsames Essen in der Scheune. Danach würde ich ihn nach Hause bringen. Von rechts rollte ein bunter Ball auf die Straße. Wo ein Ball rollt, folgt in der Regel ein Kind. Ich riss das Lenkrad rum, wich dem Mädchen aus. Knallte frontal gegen den Obstbaum in Nachbars Garten.

Umnebelt dachte ich an Felix. War er doch nicht tot? Konnte er mir selbst jetzt noch seinen Willen aufzwingen? Mir und Julian? Wenn ich ihn nicht befreien … und niemand wusste, wo er war … Die Kiste mit den Nahrungsmitteln war unerreichbar für ihn auf dem Tisch. Felix hatte ihn ja fest an einem der Pfosten vertäut.

Mir wurde schwarz vor Augen.

Dass die Rettungssanitäter eintrafen, spürte ich nur von weit entfernt.

Das Letzte, was ich noch hören konnte, war eine resolute männliche Stimme: »Da ist nichts mehr zu machen. Der stirbt euch auf dem Transport!«

Dein Wille …

FREIZEITTIPPS:

116 Vetschau, Niederlausitzer Storchenzentrum, Zentrum Weißstörche; Informationszentrum Biosphärenreservat, Schloss Vetschau: Renaissance-Schloss, erbaut 1540, liegt im Park und ist von einem Wassergraben umgeben, im Rittersaal können Heiratswillige sich trauen lassen, wendisch-deutsche Doppelkirche mit gemeinsamem Turm und zwei getrennten Kirchenschiffen.

117 Eichow, Großgemeinde Kolkwitz: ehemalige Lungenheilanstalt mit Park, 1900 eingeweiht, Backsteinbau mit Türmchen, zeitweilig von mehreren medizinischen Abteilungen des Klinikums in Cottbus genutzt. Kolkwitzer Kirche aus dem 14. Jhd., mit separat stehendem Glockenturm, Kinderreiterferien sind auf dem Reiterhof Forest Hill in Dahlitz möglich.

118 Am Großen Spreewehr Cottbus befindet sich die Spreewehrmühle, eine 1798 erbaute Öl- und Gräupchenmühle, die mit Wasserkraft betrieben wurde. Seit 1987 ist die Mühle Technisches Denkmal. Heute ist sie auch ein beliebtes Ausflugslokal.

119 Repten, Gutsanlage Repten mit Herren- und Angestelltenhaus, Wirtschaftshof, Stallungen und Brennerei, heute Pferdesportanlage (z.B. Polosport).

120 Gräbendorfer See, Schwimmende Häuser, diverse Wassersportmöglichkeiten, Vogelinsel.

121 Ogrosen, niedersorbisch Hogrozna, hier findet sich eine als Hofgemeinschaft betriebene Gutsanlage mit Ziegenhof, Milchschafshof, Gemüseanbau, Ferienhaus und Hofladen. Führungen durch den Hof sind möglich, in einer Kunstwerkstatt kann man unter Anleitung eigene kreative Ideen entwickeln und umsetzen. Das Gut, dessen Herrenhaus aus dem Jahr 1704 datiert, sowie die Kirche Ogrosen stehen unter Denkmalschutz. Die Kirche selbst wurde 1760 erbaut, der Turm stammt aus dem 13. Jhd.

122 Laasow, sorbisch für Waldwiese, Kirche aus dem 15. Jhd., Park, See, Schloss im Schweizer Villenstil, erbaut 1856, bis 2012 höchste Windkraftanlage der Welt (160 Meter hoch).

123 Hochseilgarten bei der Talsperre Spremberg, ganzjährig geöffnet, für Erwachsene und Kinder (ab 10 Jahre) geeignet.

124 Ratskeller am Markt in Vetschau, 1890 erbaut, verputzter Klinkerbau mit Mansardendach. Bis 2011 wurde der Ratskeller als Restaurant betrieben.

125 Slawenburg Raddusch, realitätsgetreuer Nachbau einer Slawenburg, Museum, Spreewaldladen, Restaurant.

Weitere Romane finden Sie auf den folgenden Seiten und im Internet: www.gmeiner-verlag.de